# 铁道线上的信号

苗渤汶 著/绘

中国铁道出版社有限公司
CHINA RAILWAY PUBLISHING HOUSE CO., LTD.
北 京

图书在版编目（CIP）数据

铁道线上的信号/苗渤汶著绘. —北京：中国铁道出版社有限公司，2022. 11
ISBN 978-7-113-29609-4

Ⅰ. ①铁… Ⅱ. ①苗… Ⅲ. ①城市铁路-铁路信号-信号系统 Ⅳ. ①U239.5

中国版本图书馆CIP数据核字（2022）第160786号

书　　名：铁道线上的信号
作　　者：苗渤汶

责任编辑：许士杰　　编辑部电话：（010）51873204　　电子邮箱：syxu99@163.com
编辑助理：魏　明
封面设计：崔丽芳
责任校对：孙　玫
责任印制：赵星辰

出版发行：中国铁道出版社有限公司（100054，北京市西城区右安门西街8号）
网　　址：http://www.tdpress.com
印　　刷：北京盛通印刷股份有限公司
版　　次：2022年11月第1版　2022年11月第1次印刷
开　　本：889 mm×1 194 mm　1/16　印张：3.25　字数：88 千字
书　　号：ISBN 978-7-113-29609-4
定　　价：45.00元

# 前　言

作为一名“80后”，我对这些年铁路的飞速发展深有感触。

犹记得五岁那年，我随母亲从兰州出发去四川游玩，记忆里除了串串很辣，乐山大佛很高，就属那一趟火车给我留下了最为深刻的印象。一个卧铺的“小小”空间对于我这般好动的孩子自然是如同困笼，车轮和钢轨那规律又无休止的撞击声也很快将窗外风景的新鲜感抹平——那趟火车应该是开了一天一夜。在不知问了母亲多少句“什么时候才能到？”后，我总算是熬过了这段难以忘怀的旅程。

上了大学，坐火车的机会便多了起来，火车的速度也渐渐快了起来。尤其是在中国铁路经历六次大提速后，一些干线上的列车最高时速已超过了200公里。但是对于当时坐在绿皮车厢里的我来说，依然觉得城市与城市间的距离是遥远的。

不过这种感觉很快就得到了改善。2008年，中国第一条设计时速达到350公里的京津城际铁路开通了，再往后的几年里，又有数条高铁建成通车，中国铁路以极快的步伐迈入了高速时代。

在高铁伊始的几年里，我还没有机会乘坐它们体验一把陆地飞行的快感。直到我第一次坐上了京津城际，仅仅半个小时的乘车时间让我感到城市之间的距离真的被高铁拉得很近了。

现在，高铁已经遍布全国，北京到上海只需要5个小时，从武汉到广州也只需要4个小时，许多相邻城市间的旅程甚至不到1个小时——以往大城市里上班下班的时间现在都可以用来跨越城市！

高铁能有如此风驰电掣的速度，除了线路铺设平稳顺畅和动车组本身的速度足够快以外，铁路信号也扮演着极其重要的角色。

铁路信号的历史和火车的历史是一样悠久的。1825年，第一列火车在英国运行，当时要安排一名手持信号旗的人骑着马奔驰在前方引导火车前行——这可被看作是最早出现的铁路信号。

自此之后的二百年里，火车在不断地更新换代，铁路信号也伴随着一同成长和进步。

从臂板信号机到色灯信号机，从电报通信到无线网络遍布线路，从烦琐的人工操作到自动化控制，铁路信号已经由一面旗帜一步步发展成一个庞大而复杂的系统。

对于大众来说，铁路信号显然是个较为陌生的领域，由于其非常小众又具有极强的专业性，少有面向大众的相关科普类书籍，适合少年儿童的绘本更是难以寻觅。可是信号又是离大家很近的，我们每一次的火车之旅都会和许许多多的信号设备擦肩而过，列车的每一次加速和制动，也都是由铁路信号来指挥的。铁路信号融汇了一代代铁路人的智慧和努力，我们中国在铁路信号领域的成就也是举世瞩目的。

于是我便产生了将铁路信号画进绘本里的想法，让大家尤其是小朋友们能了解到这样一些离我们不远却又不曾注意的有趣知识。

在《火车站里的信号》一书中，我介绍了火车站站场里的信号知识。而大家在乘坐火车的时候主要接触到的信号有两类：一种是火车站里的信号，还有一种便是本书所讲述的区间信号。区间就是指连接两个车站间的铁路线，列车在出站后和到达下一站前，都是运行在区间内的。

车站信号和区间信号的第一要务都是保证列车运行的安全，但在其他使用目的上还是不同的。车站信号需要对各个线路和方向上到达的列车进行调度指挥，通过变换不同道岔让每一趟车都能去往指定的线路。区间信号最早出现是为了防止列车在线路上发生相撞或追尾的危险情况。现在，区间信号要在保证安全的基础上不断地追求效率，让列车以更快的速度和更紧凑的行车间隔来提升线路的运输能力。

通过绘本的形式讲述铁路信号是有难度的，我在绘制《火车站里的信号》时就深有感触。因为有一些理念和词汇非常专业，一些设备和技术也是相关工作人员才能了解到的，所以我尽量选取一些方便普通读者们理解和联想的知识点来展示铁路信号的独特魅力。

即便这样，创作的过程依然让我倍感艰难。一是自身知识储备的不足使得我在编排内容时感到束手束脚，二是受制于我这个新手绘本作者的能力所限，手中的画笔难以完全表达心中所想。

就这样，磕磕绊绊却也绞尽脑汁的我终于完成了这两本铁路信号科普绘本，虽然不尽完美，但也希望各位小读者、大读者能通过阅读了解到一些铁路信号知识。在以后乘坐火车时，除了注意到窗外的风景，大家也能观察一下线路上的信号设备，思考一番火车是如何被信号指挥着行驶的，相信一定会为你的旅途增加一些趣味。

我也要感谢许士杰先生的理解和支持，他给了我很大的包容和自由度，让我能完全按照自己的想法去创作。

《火车站里的信号》和《铁道线上的信号》中所介绍的内容仅是整个铁路信号的一小部分，对此有兴趣的读者可以通过一些更加全面、专业的书籍或资料进行深入了解。由于本人水平所限，书中难免会有诸多不足之处，若是您有任何意见或建议，或是有关于信号方面的问题，可以与我交流沟通。

最后，谢谢大家阅读本书！

# 目录

02/什么是铁路信号?

04/区间是指哪里?

06/早期的区间行车方式

08/什么叫闭塞?

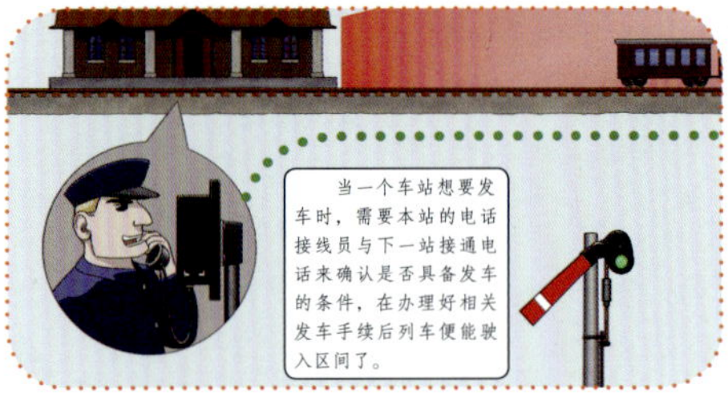


10/充满智慧的路牌闭塞

14/半自动闭塞的出现

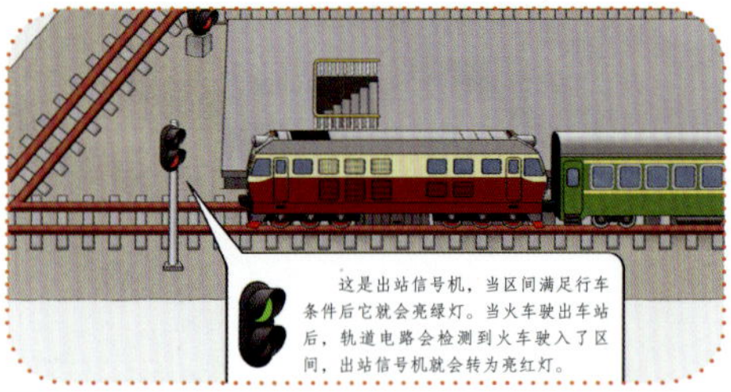


16/轨道电路是如何工作的?

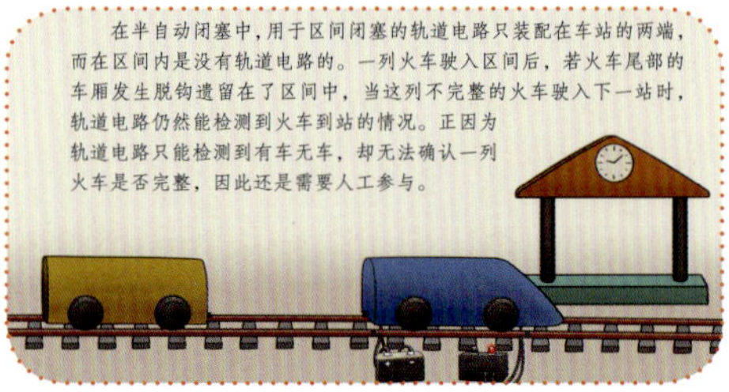


18/会数车轮的计轴设备

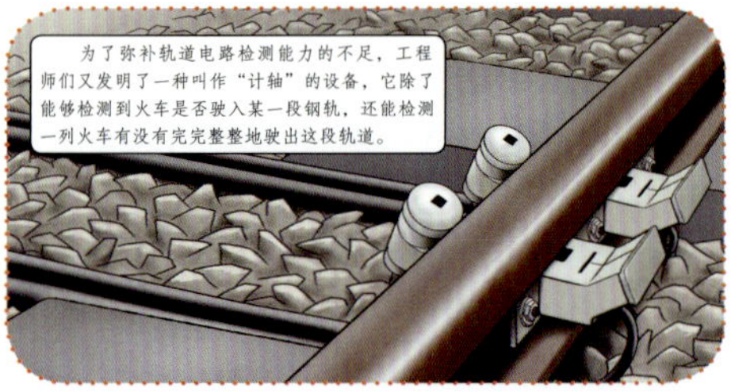


20/更进一步的自动站间闭塞

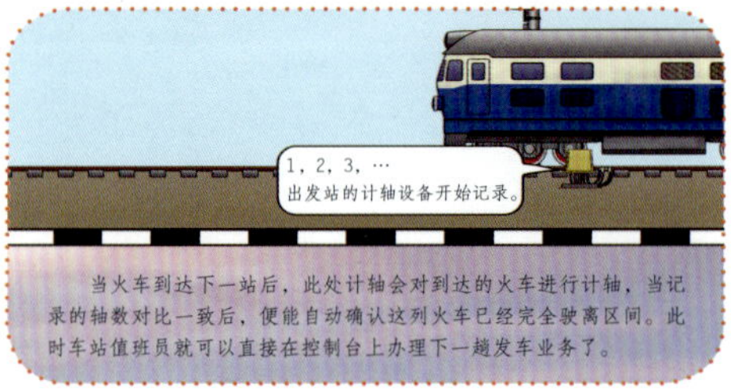


24/闭塞分区的划分

▼ 26/高效的自动闭塞

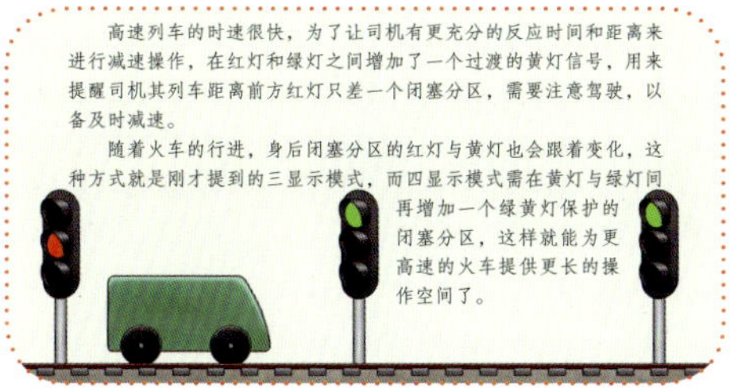


▼ 28/高速铁路登场

▼ 30/便捷实用的车载信号

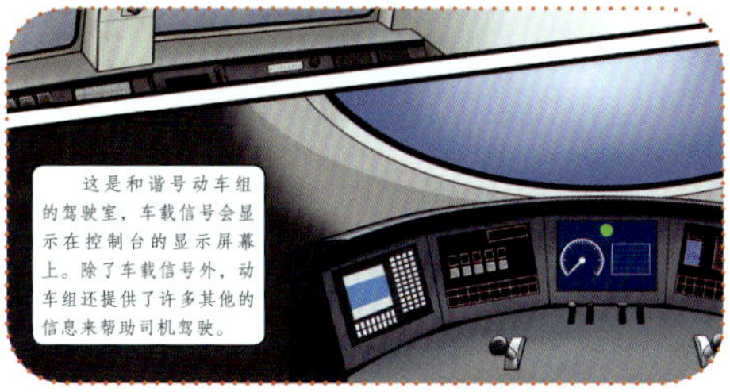


▼ 32/车载信号机如何显示信号?

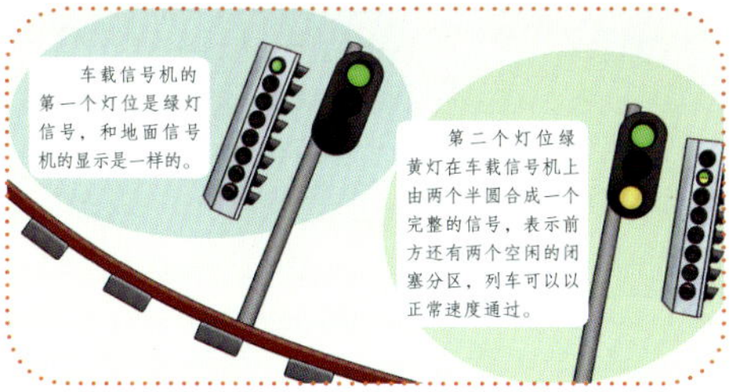


▼ 34/我们的高铁

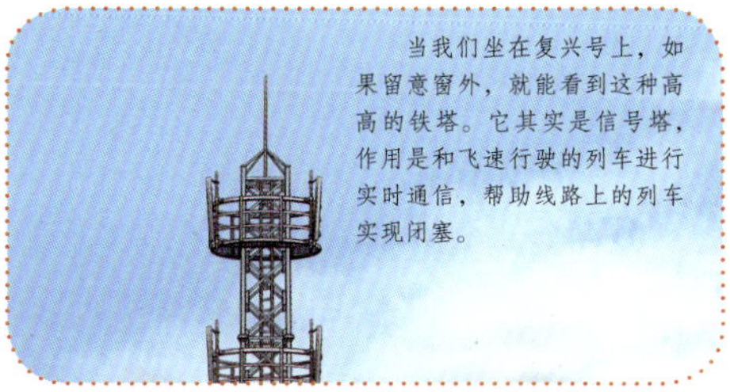


▼ 36/高速铁路的区间信号

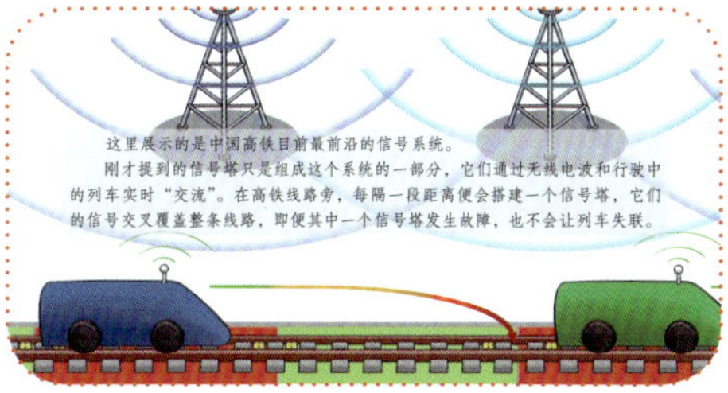


▼ 40/先进的中国列车控制系统

▼ 42/区间信号的未来——移动闭塞

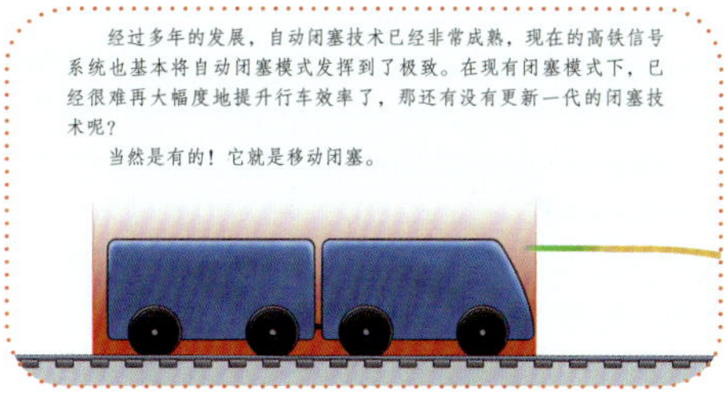


▼ 44/高铁和动车有什么区别?

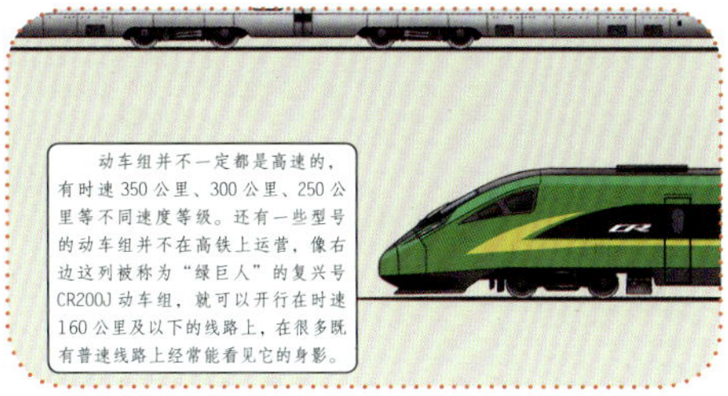

# 什么是铁路信号？

当你乘坐在风驰电掣的动车组上，看着车厢一端电子屏上显示的列车时速；或是置身于绿皮车中，看着偶尔划过窗边的信号机柱，你是否会好奇，火车司机是根据什么来操纵列车或走、或停、或加速以及减速的？

没错，信号就是铁道线上的指挥官。铁路信号不仅指那些信号灯，其实它是一个非常庞大且复杂的系统，它的主要任务就是指挥火车安全、高效地运行。

从最早的蒸汽火车到现在的高速动车组，铁路信号伴随着列车的发展而不断地更新换代。在这本书中，我们将一起了解铁路信号的发展历程，以及信号系统是如何一步步发展成让时速 300 公里以上的动车组在铁道线上穿梭自如的。

## 区间是指哪里？

在《火车站里的信号》一书中，我们已经了解了火车站里的信号，它们负责火车站站场内一列列火车的指挥和调度。在这本书中我们要了解的铁道线上的信号，则是指区间里的信号。

那么什么是区间呢？它是一个专业的铁路行业术语，指的是两个车站间的铁路线路。

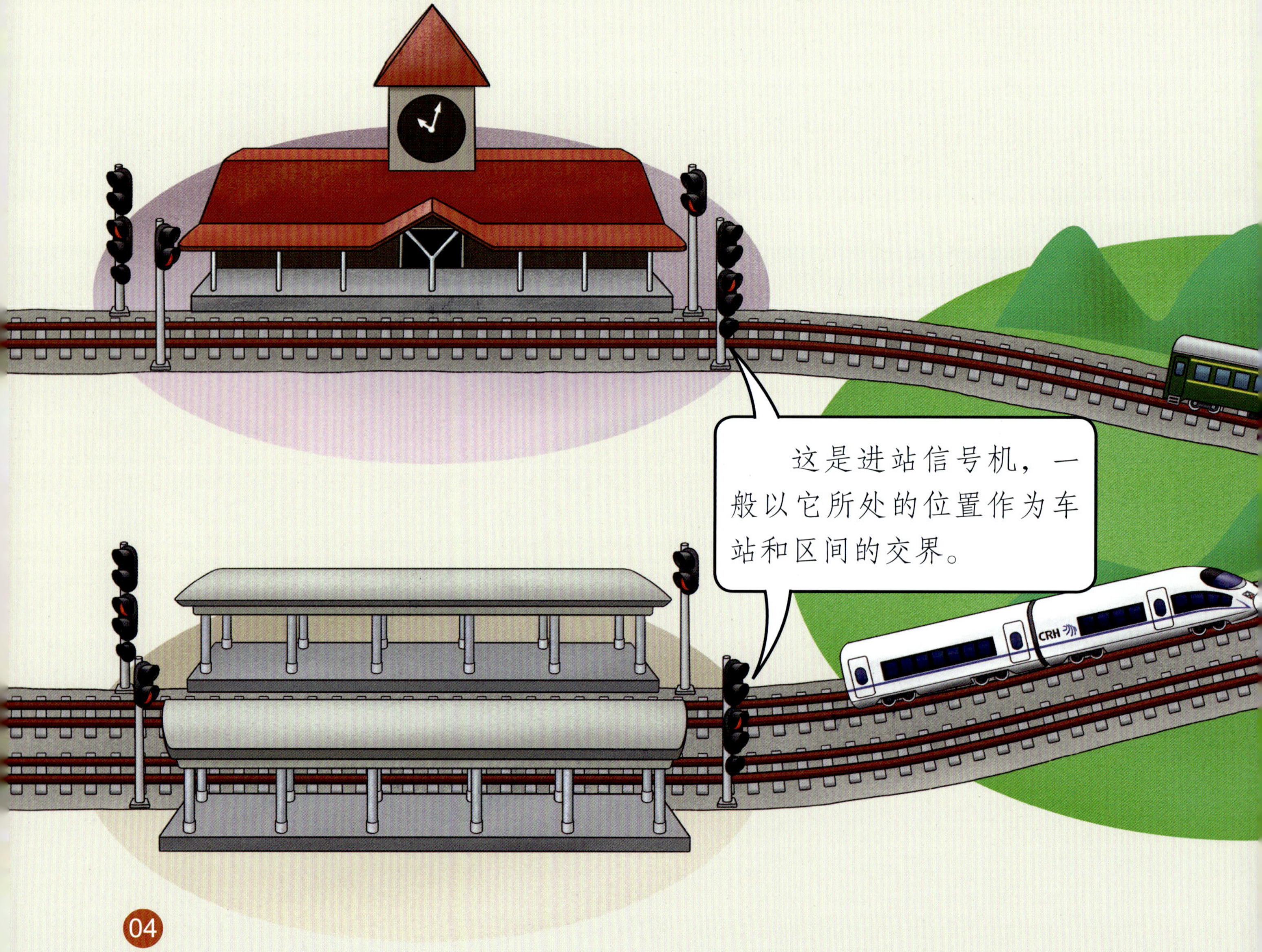

当火车驶出车站后，就会进入区间，直至驶入下一个车站前，列车都身处区间中。

其实对于我们日常的火车旅途来说，区间中行车的感受才是最深的。

除了车站内停车时的等待和出入站时的一小段路程，火车大部分时间都是行驶在区间内的。动车组风驰电掣般的速度感，不断滑过的窗外景色，还有绿皮车充满节奏的“哐当”“哐当”声，都是我们在区间里留下的回忆。

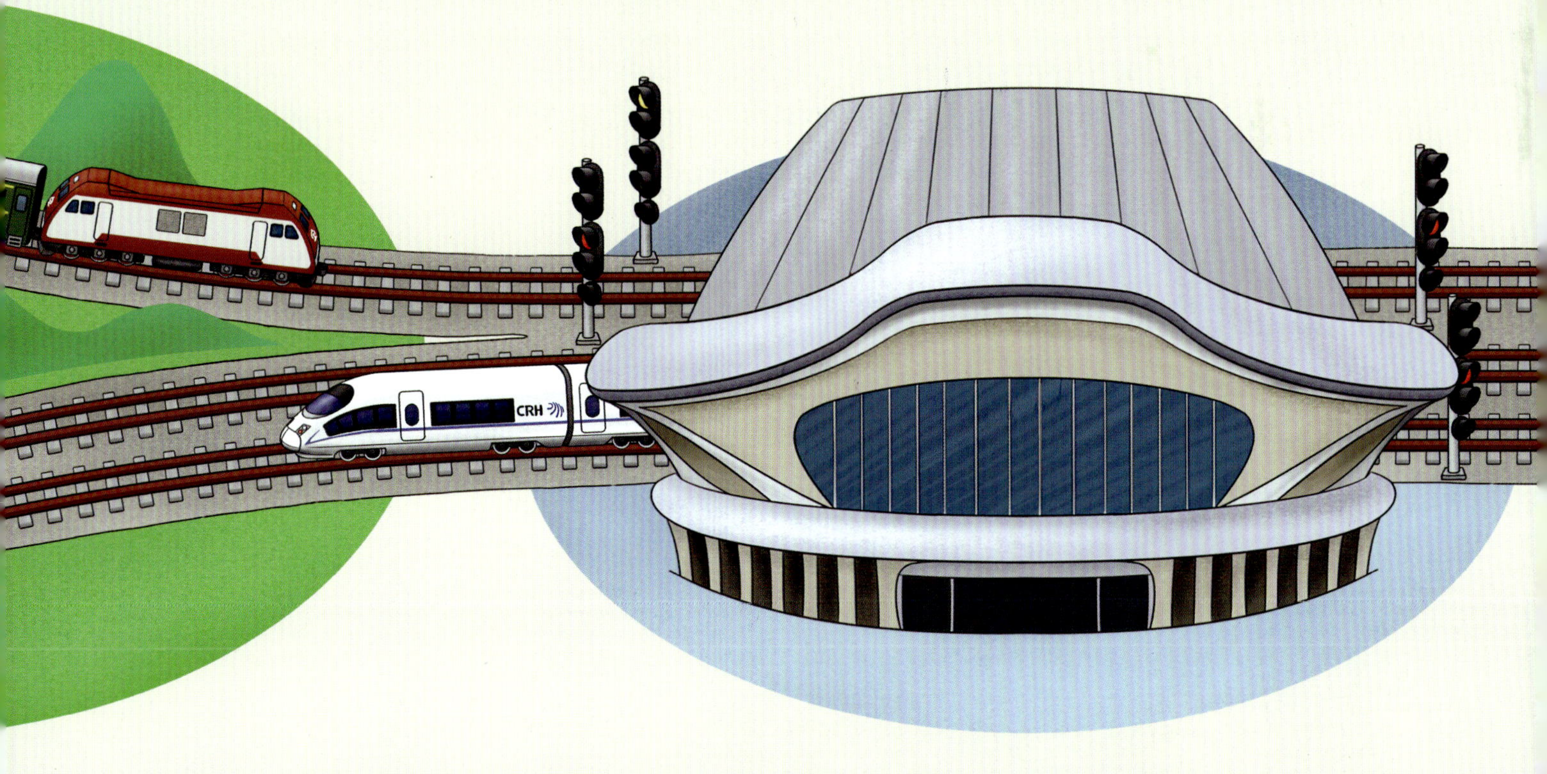

## 早期的区间行车方式

在火车出现的早期，区间里是没有任何信号设备来指挥火车运行的，这使得火车行驶于区间中时，没有任何技术手段来防止火车发生相撞或追尾的意外情况。

英国人首先想到了“时间间隔”的行车方法，就是在一列火车从车站出发后，相隔一定的时间之后才能发出第二列火车。

1837 年，在美国弗吉尼亚州发生了一起严重的火车相撞事故，一列运载木材的火车和一列早班客运列车迎头相撞，事故造成数人丧生，超过 200 位乘客受伤。

然而在实践中发现这种方法有着很大的弊端，当前一列火车在行驶过程中发生了故障或是有车厢脱钩而遗留在钢轨上时，后面发出的火车是无法及时预知的，依然会造成追尾撞车的危险情况。

# 什么叫闭塞?

为了解决时间间隔法的缺陷，人们又想出了空间间隔法。空间间隔法是将一段铁路线路看作一个独立空间，利用空间将各列火车分隔开，使得两列火车不会同时进入同一段线路中。

早期的空间间隔法，都是直接将两站间的一整个区间看作一个独立空间，当有一列火车驶入这个区间后便不再允许其他火车驶入，直到这列火车完全驶出该区间后，才能允许下一列火车进入。

当一个车站想要发车时，需要本站的电话接线员与下一站接通电话来确认是否具备发车的条件，在办理好相关发车手续后列车便能驶入区间了。

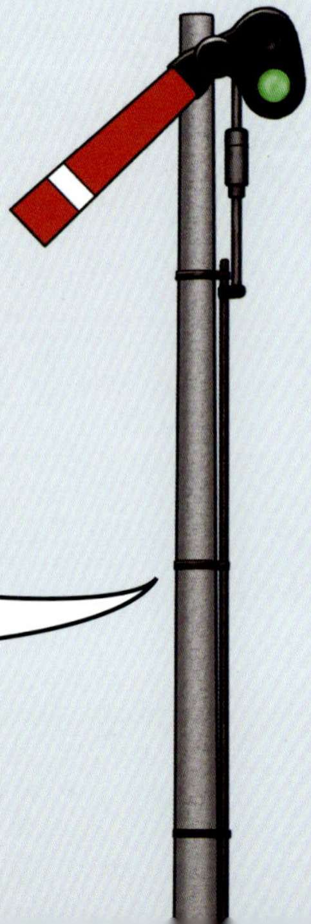

这是一架古老的臂板出站信号机，只有具备发车条件后，它才能显示允许通过的信号，而当列车驶进区间后，它则要改为显示禁止通行的信号来阻止其他列车驶入同一区间。

这种间隔行车的方法有一个非常专业的名称，叫作“闭塞”。闭塞可以理解为把一列火车放置在一个专属的空间内，避免其他火车进入这个专属空间而产生危险。闭塞是区间信号中非常重要的一个概念，可以说区间信号的进化史就是对闭塞方式的不断优化和完善，本书的内容也将围绕着闭塞这个话题来层层展开。

最先被广泛应用的闭塞方式是电话闭塞（或电报闭塞），这种闭塞方式依靠电话或电报来帮助两个车站的值班员办理发车手续，以此来实现区间闭塞。

电话闭塞的出现让火车在区间行驶的安全性大大提高，可是随着铁路的发展，这种完全依靠人工确认的方式难以满足运输效率的提升，而且两站闭塞办理人员的沟通失误极易造成事故的发生。

于是人们在电话闭塞的基础上，发明了路牌闭塞。这种闭塞方式是使用一种称作路牌的物件，作为一列火车在区间运行的凭证。

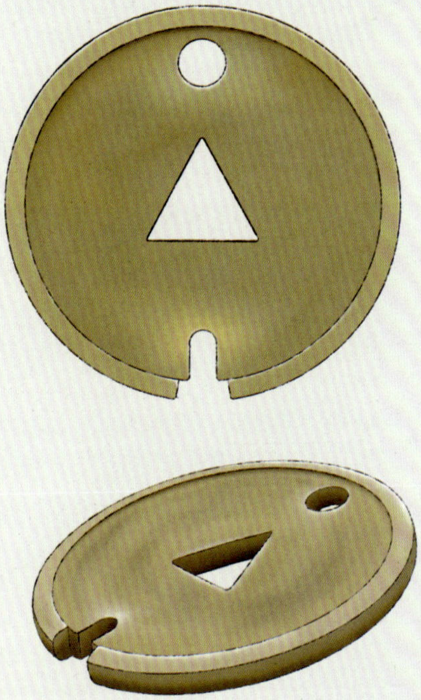

左图所示为一种常见的路牌，它的主体为一个手掌大小的圆形金属牌，中间制有不同形状的空槽，根据中心空槽形状的不同来区分这个路牌是进入哪一个区间的凭证。

简单来说，就是火车司机在出发前，必须拿到相对应的路牌，才能将火车开入前方的区间。而在到达下一站后，司机需要将该区间的路牌交出。

每个区间对应的路牌样式都不同，司机必须取得正确的路牌才能进入对应的区间。

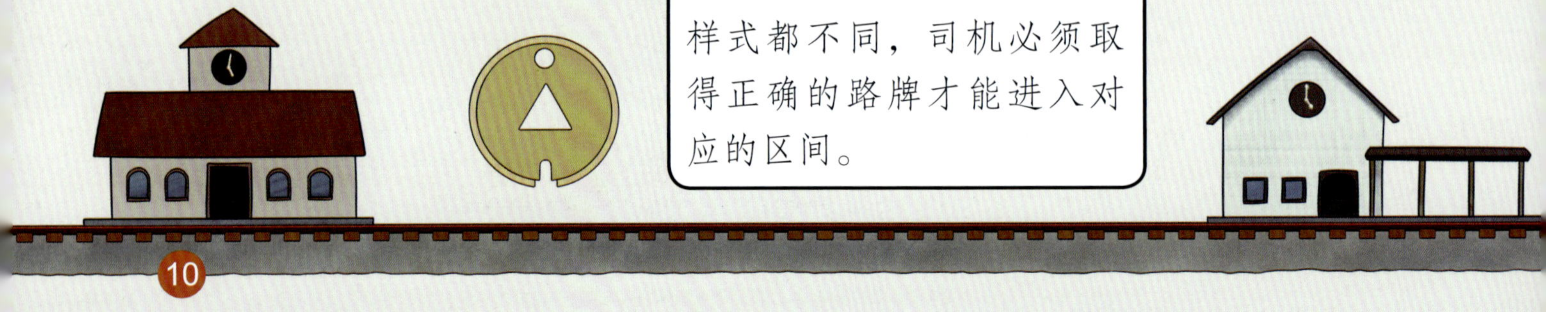

下图这台设备是路牌闭塞机，它就是用来办理路牌闭塞的机器。一个区间两端的车站内会各放置一台这样的闭塞机，且两台闭塞机具有联动的功能。

在相邻两站的闭塞机里放置着一定数量的同种路牌，当一列火车需要经过区间时，则需要两站的工作人员联合操作，才能从发车站的闭塞机里取出一块路牌，直到这一趟列车到达后，将这块路牌交给车站人员放入闭塞机后，才能取出另一块路牌。也就是说，在一对闭塞机管辖的区间内，永远只能拿出一块路牌交给火车司机，这就保证了这一区间内不可能同时开进两列火车。

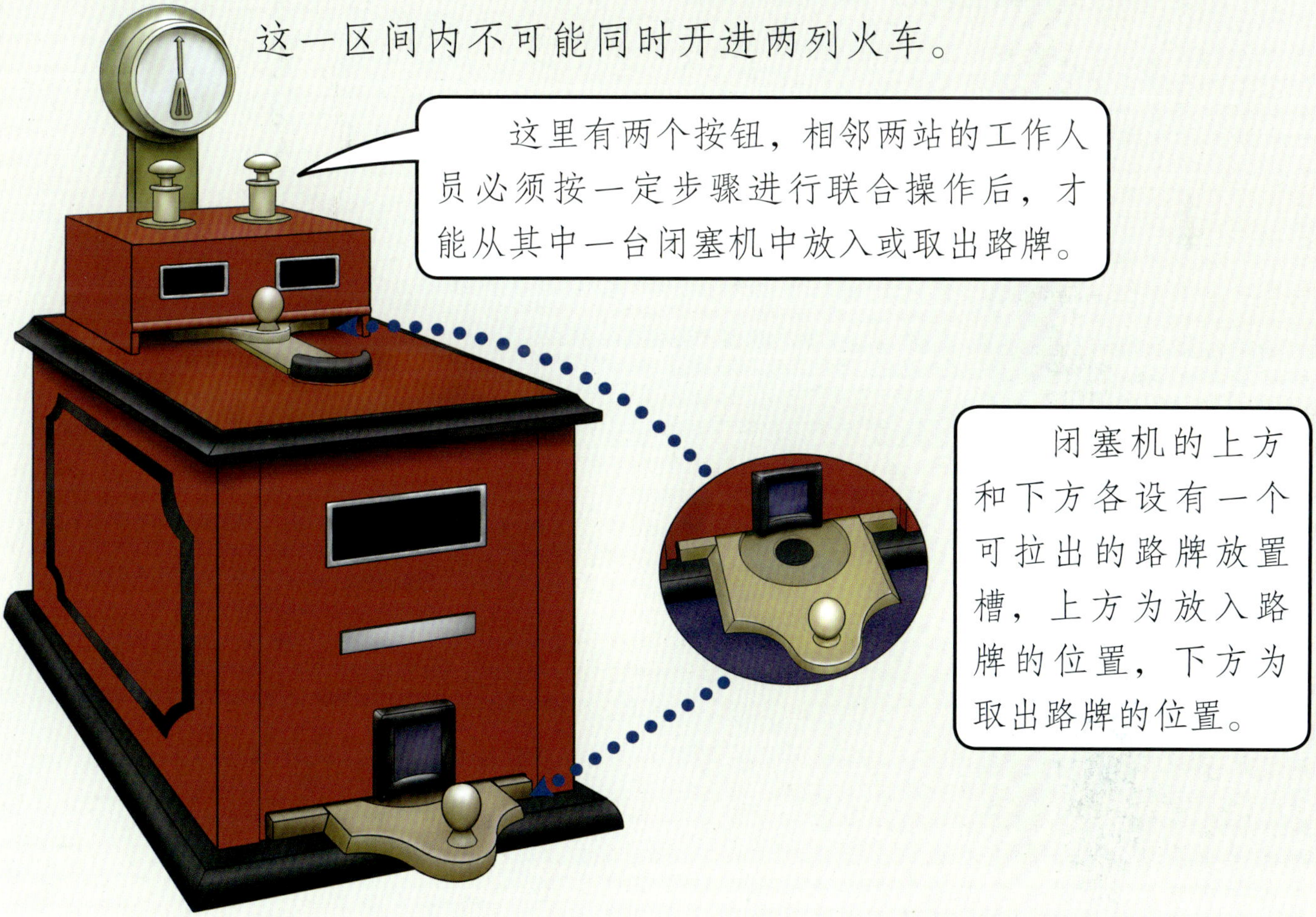

这是一种常见的交接路牌工具，路牌就存放在黑色皮套中，相信大家一定会好奇交接路牌为何会用到一个大铁环。

对于正常停站的火车，司机会趁停车间隙将路牌交给车站工作人员，但有一些车站，火车是不需要停靠的，这就需要在火车行进中进行路牌交接工作，这时大铁环就派上用场了！

随着火车速度的不断提升，这种行进中交接路牌的任务对于司机和站台人员来说越来越有难度。交接过程中铁环的冲击力经常造成司机或车站工作人员的手及小臂损伤。特别是如果司机因失误而没有接到下一区间的路牌，则需要停车返回拿取。

所以，人们又发明了一些辅助器具，来帮助司机更轻松更安全地完成路牌交接。

## 半自动闭塞的出现

不管是电话闭塞，还是路牌闭塞，都属于人工闭塞。随着火车速度越来越快，发车密度越来越大，使得人工闭塞方式越来越难以招架。聪明的工程师们便开始研发一些机械自动化设备来完成一部分闭塞任务。

首先出现的是半自动闭塞方式。

在这种闭塞方式中，火车不再需要路牌这种进入区间的凭证物品，司机主要依靠出站信号机的指示来发车，当出站信号机亮绿灯时，代表火车可以驶入前方的区间。当出站信号机亮红灯时，则代表火车此时不能驶入区间。

在半自动闭塞中，会在车站的进站信号机内放安置一段闭塞专用的轨道电路，它可以用来检测火车是否自发车站驶出以及火车是否已驶入了车站。

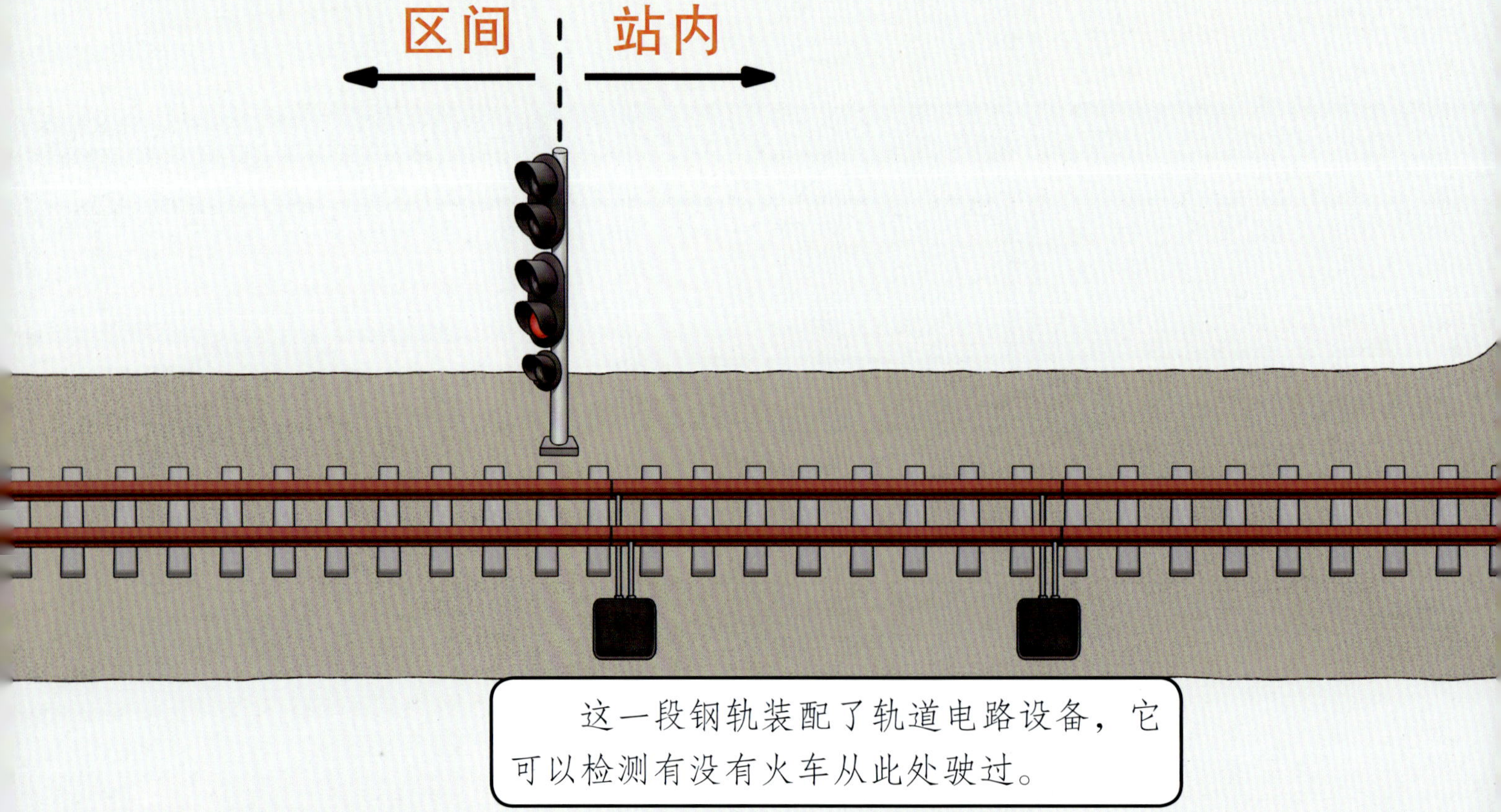

为什么叫作半自动闭塞?

既然叫作半自动，自然是指在这种闭塞方式中，机器只自动完成一半的工作，而另一半则需要人工来完成。

每当一列火车驶入车站后，都需要车站人员确认整列火车是否全部到齐，只有人工确认无误后，本站和相邻车站的值班员才能通过操作闭塞设备办理下一次发车作业。

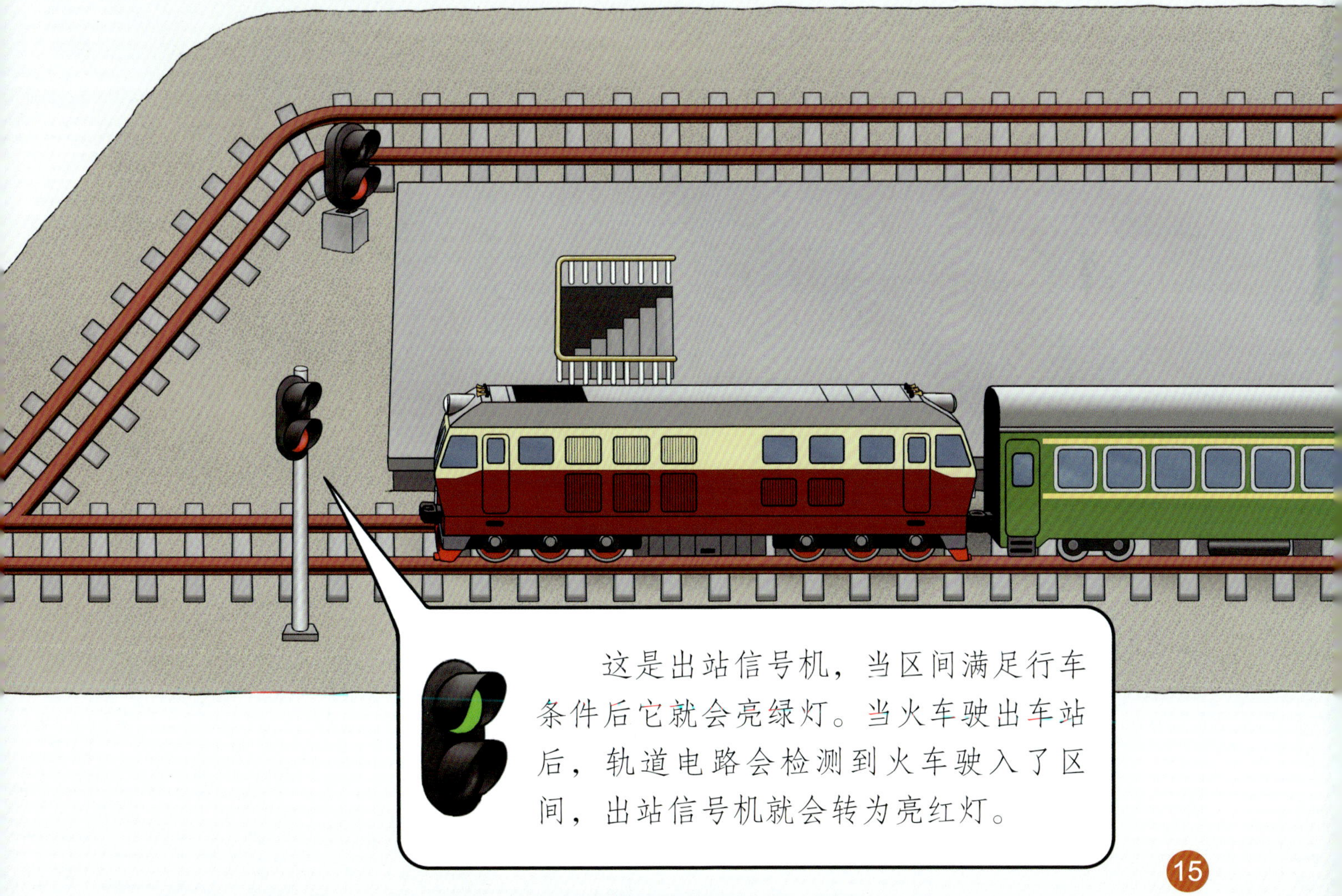

## 轨道电路是如何工作的？

刚才提到的轨道电路在铁路信号中是非常重要的设备，它可以检测到某一段钢轨上是否有火车存在。

这里用一种便于理解的方式为大家介绍轨道电路的工作原理。

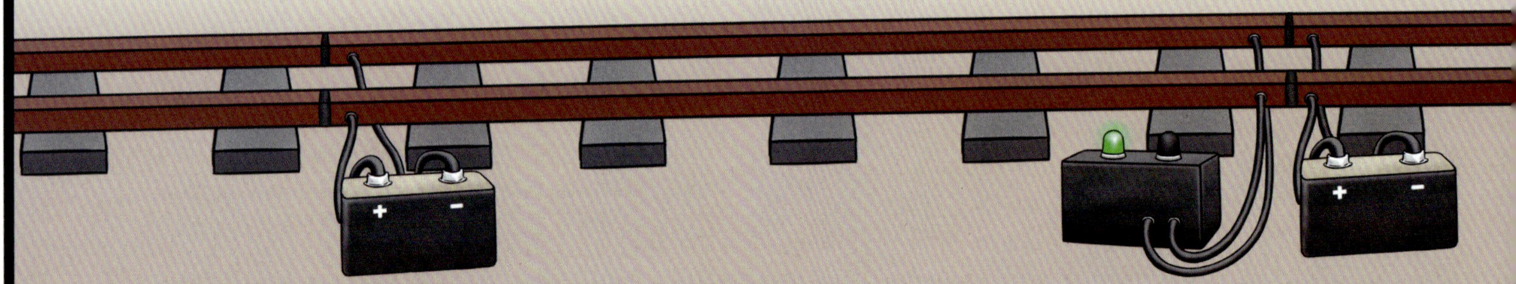


上面介绍的半自动闭塞中，为什么有了轨道电路后，还需要人工确认呢？

轨道电路利用钢轨能导电的特性，在一段钢轨上连接电源和电流检测元件，形成一个稳定的电流回路。在没有火车驶来时，电流检测元件始终能监测到电流通过，说明此时没有火车驶入此段钢轨。而当火车驶入一段轨道电路钢轨后，由于车轮和车轴也是导体，因此一侧钢轨上的电流就会通过火车的轮对（一对车轮）直接绕到另一侧钢轨上，使得没有电流经过检测元件，轨道电路设备便能知道此时有火车处于此段钢轨上。

在半自动闭塞中，用于区间闭塞的轨道电路只装配在车站的两端，而在区间内是没有轨道电路的。一列火车驶入区间后，若火车尾部的车厢发生脱钩遗留在了区间中，当这列不完整的火车驶入下一站时，轨道电路仍然能检测到火车到站的情况。正因为轨道电路只能检测到有车无车，却无法确认一列火车是否完整，因此还是需要人工参与。

# 会数车轮的计轴设备

为了弥补轨道电路检测能力的不足，工程师们又发明了一种叫作“计轴”的设备，它除了能够检测到火车是否驶入某一段钢轨，还能检测一列火车有没有完完整整地驶出这段轨道。

计轴设备都是成对出现，分别安装在一段线路的两端，这一对计轴会通过比对各自记录的轴数判断是否有火车存在。

在没有火车通过时，两个计轴设备的记数皆为0。当一列火车从一端驶入,这一端的计轴设备就会开始记录经过的整列火车的轴数(轮对数)，但另一端的计轴仍然为0。此时，根据两个计轴设备记录的数据便能判断此刻已经有火车驶入了这段线路。

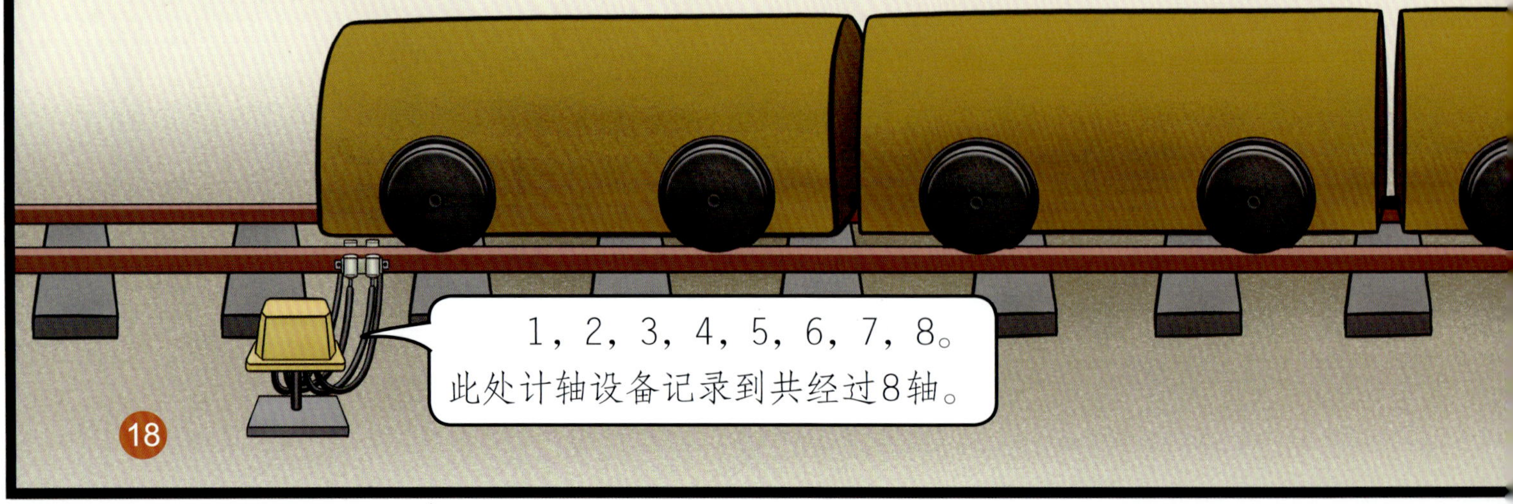

这就是计轴设备安装在钢轨上的部分，它利用电磁原理来检测经过的车轮轮对数量（轴数），每当有车轮从计轴设备上掠过都会导致其电磁场规律地变动，计轴设备据此来监测火车的走行情况。

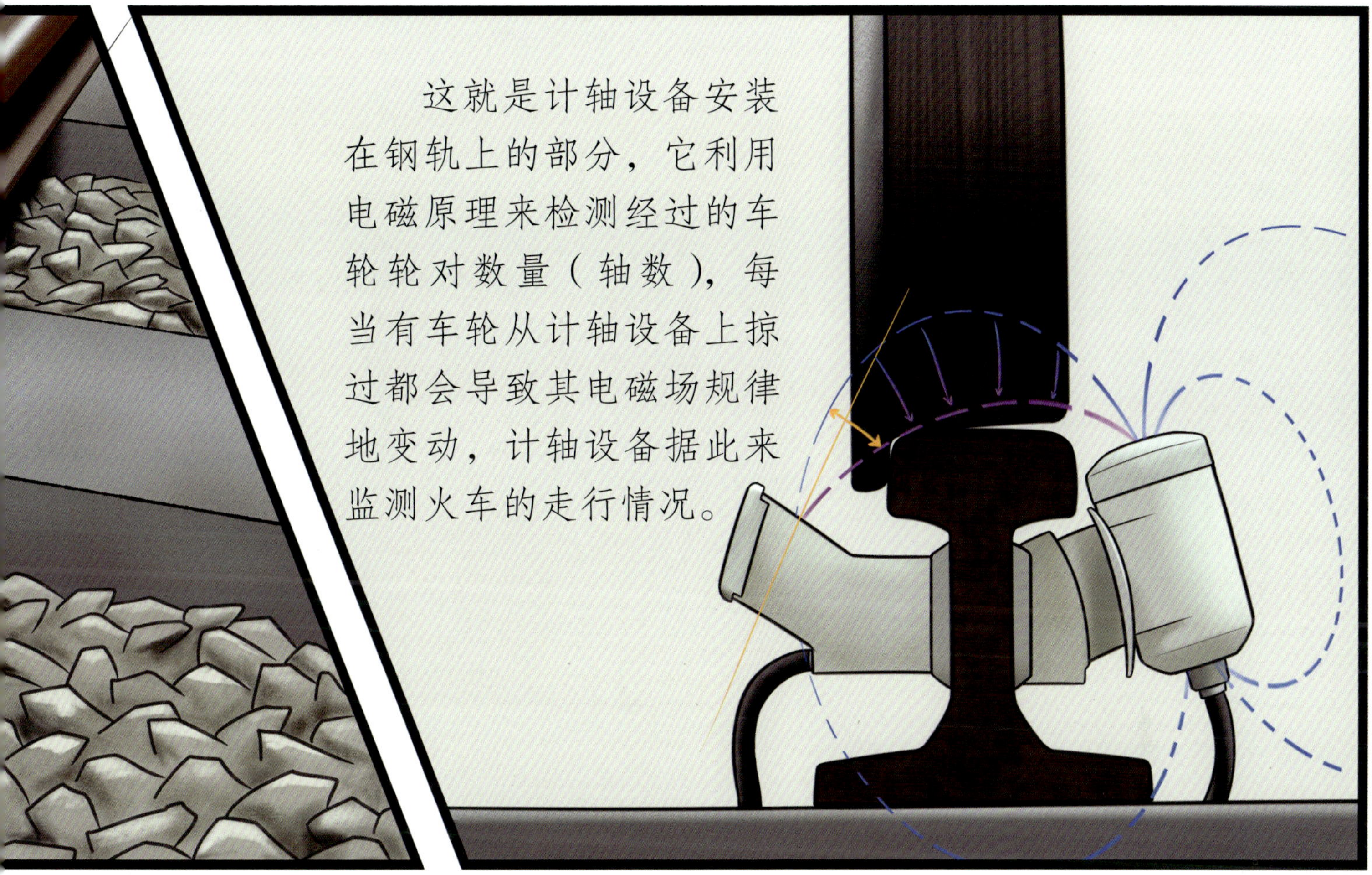

待火车一路行驶到另一端，此处计轴设备也开始记录经过的火车轴数。当整列火车驶过，正常情况下该计轴设备记录的轴数和起始端计录的轴数相同，这时便能判断火车已经驶出了这段线路。两个计轴设备的记录也将清零，等待下一列火车驶来。

若是有车厢脱钩而遗留在本段线路中，即便火车驶出了线路，那么终端的计轴数和起始端的计轴数也无法相等，计轴设备就会认定线路中仍留有车辆存在。

## 更进一步的自动站间闭塞

计轴设备的出现令闭塞的自动化程度得到了显著提升。

只要在两个车站间的区间两端装配一对计轴设备，便可以省去人工检查一列火车到站是否完整齐全的步骤。

当火车到达下一站后，此处计轴会对到达的火车进行计轴，当记录的轴数对比一致后，便能自动确认这列火车已经完全驶离区间。此时车站值班员就可以直接在控制台上办理下一趟发车业务了。

当一列火车驶出车站，本站的区间计轴设备便会记录下整列火车的轴数。

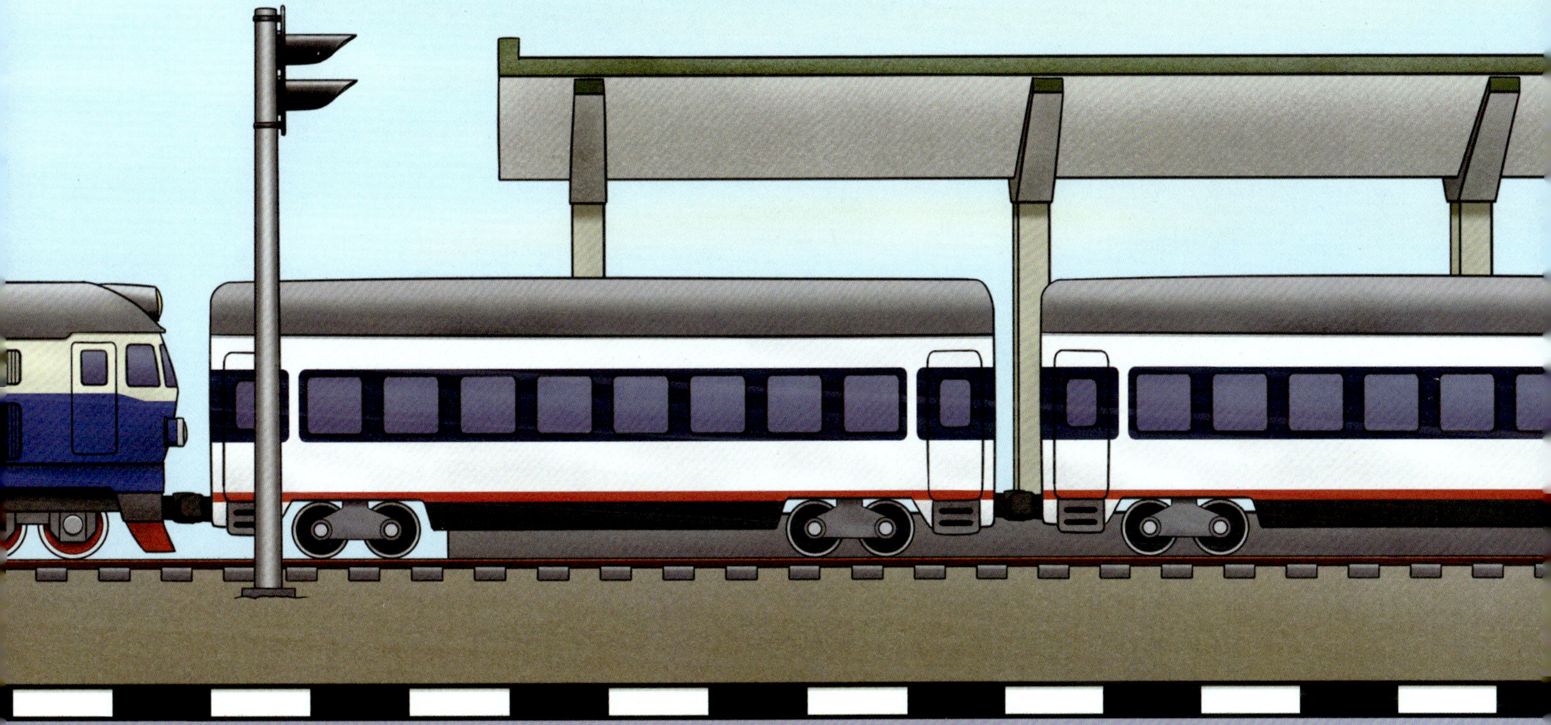

得益于计轴设备的出现，半自动闭塞中的“半”字终于可以去掉了。由于这种闭塞是将两站间的整个区间作为一个闭塞空间，所以这种闭塞方式被称为自动站间闭塞。

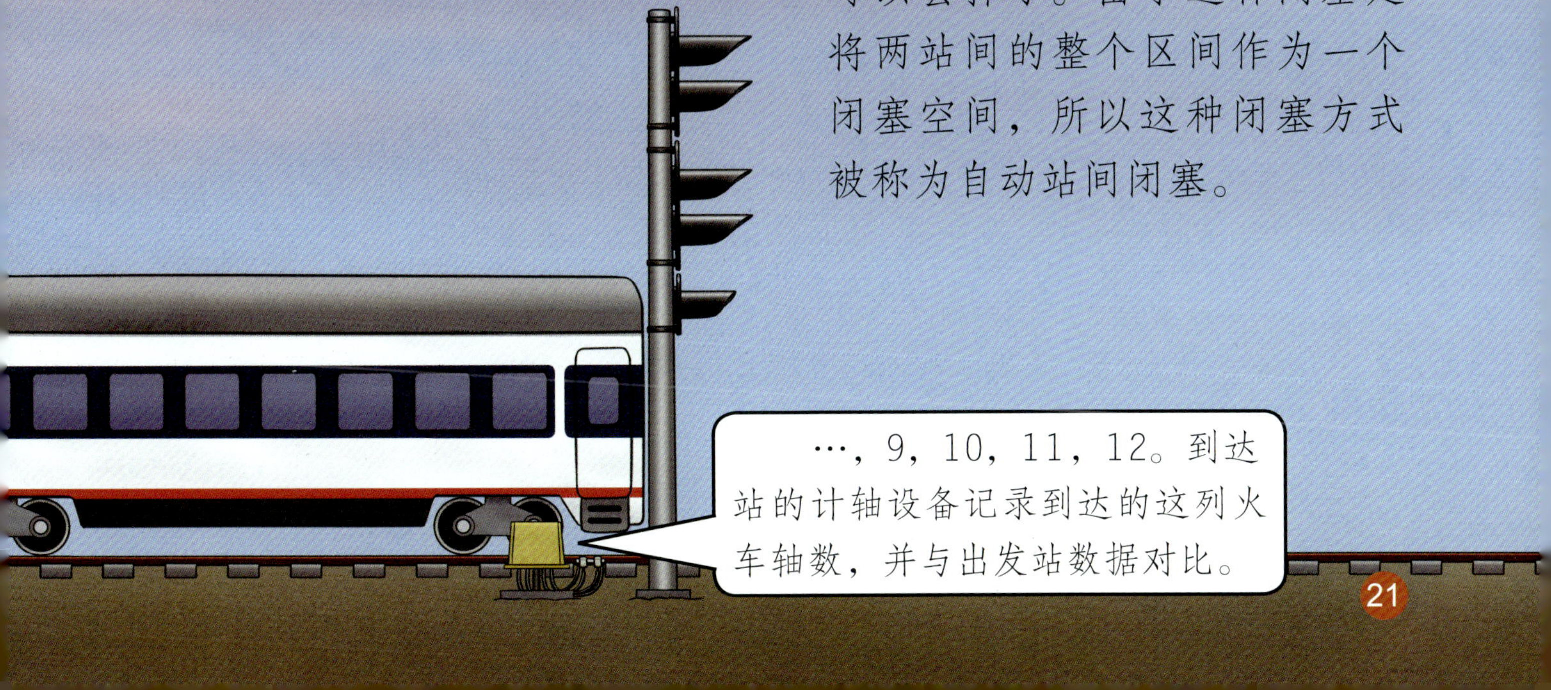

自动站间闭塞方式可以说在技术上实现了巨大的进步，也让火车在区间内行驶的安全性得到了最大保障，但是在行车效率上并没有得到明显提升。

由于将整个区间作为一个闭塞区间，所以同一时间内，只能有一列火车在这长路漫漫的区间内行驶，这种“包场”的行为虽然对行驶的火车来说非常惬意，可对于火车站内等待出站的火车和旅客来说，就非常让人抓狂了。

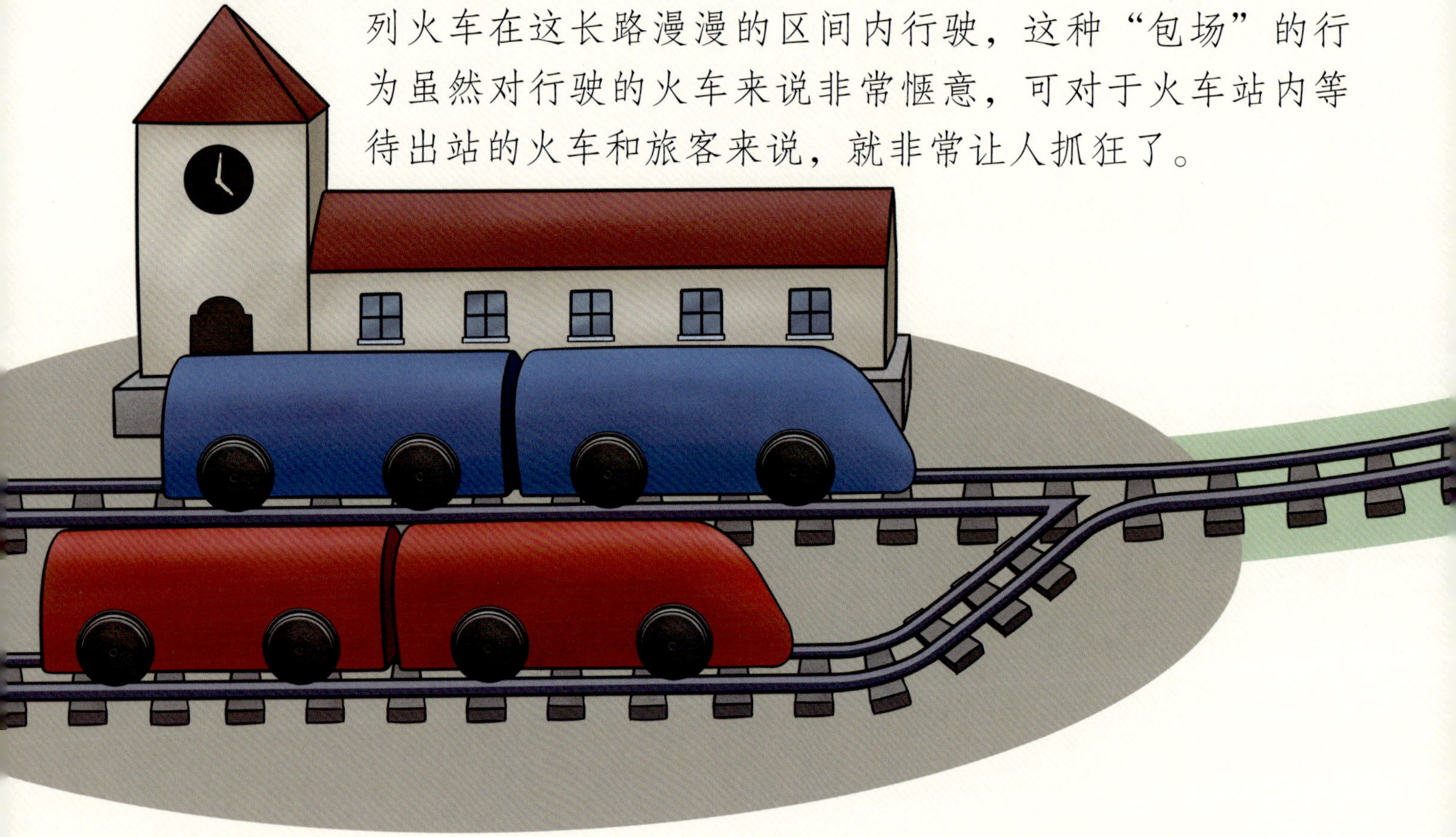

所以为了解决运输效率严重不高的问题，最好的方法便是让多列火车同时运行于区间上。

可是问题来了，如何在多列火车都运行在区间内时，还能保证每一列火车都安全有序呢？

## 闭塞分区的划分

想要解决多列火车同时进入区间的安全问题，自然还是离不开空间闭塞的方式。原本我们将一整个区间看作一个闭塞的空间，而为了让多列火车同时进入一个区间内，我们便将区间划分为若干段，在每一段划分的小区间内，对驶入的火车实现空间闭塞，这样就可以很好地解决这个问题了。

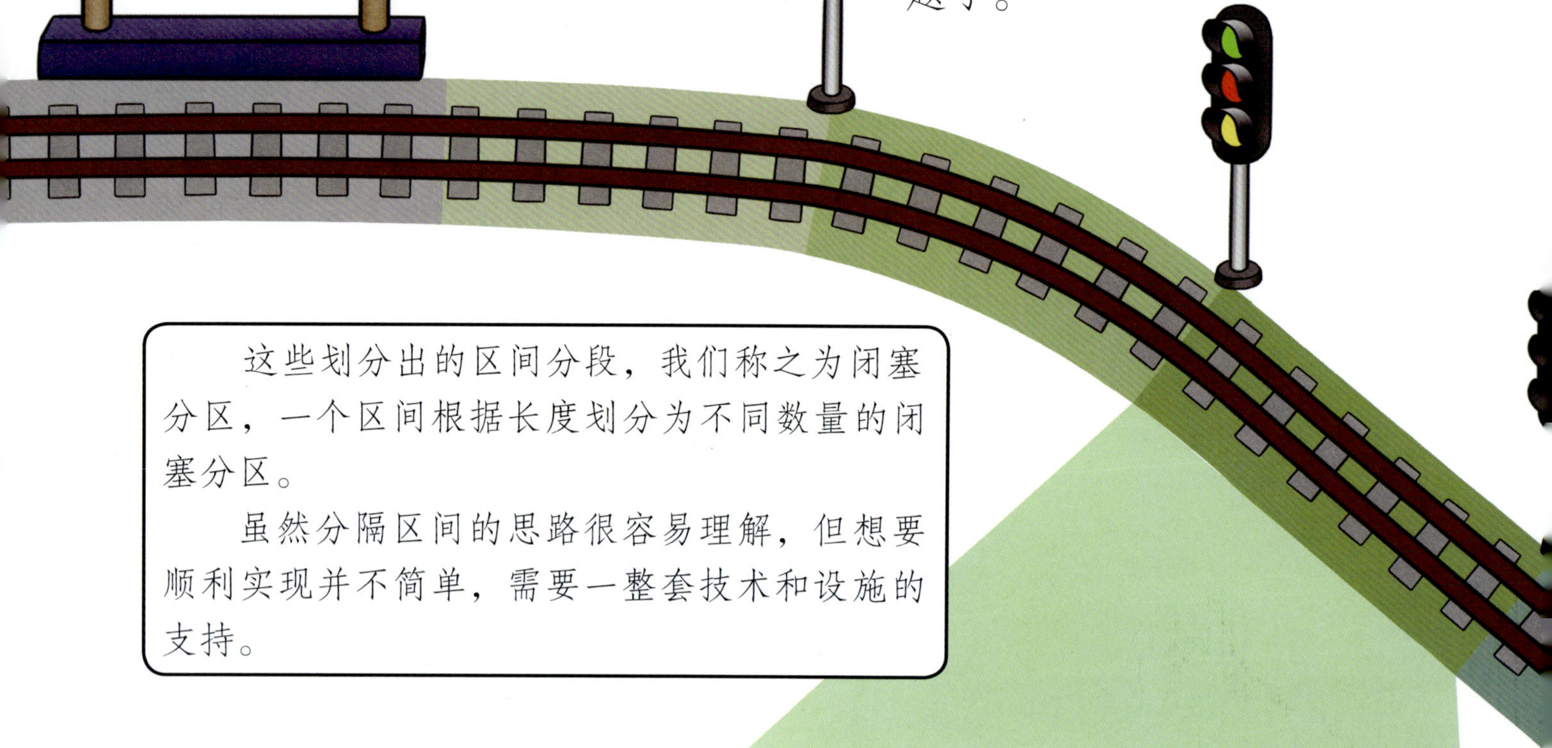

这些划分出的区间分段，我们称之为闭塞分区，一个区间根据长度划分为不同数量的闭塞分区。

虽然分隔区间的思路很容易理解，但想要顺利实现并不简单，需要一整套技术和设施的支持。

在每一个闭塞分区的分界点，都会竖立一架信号机，我们称其为通过信号机。它们像一个个卫士一样守护着前方的区段，所有驶入区间的火车，都需要按照它们的指示来行车。而且想要实现分段闭塞，需了解每一个闭塞分区内是否存在火车，所以必须在整个区间内的每一段分区上都铺设轨道电路，这样就能准确且全面地监测每一列火车的实时位置了。

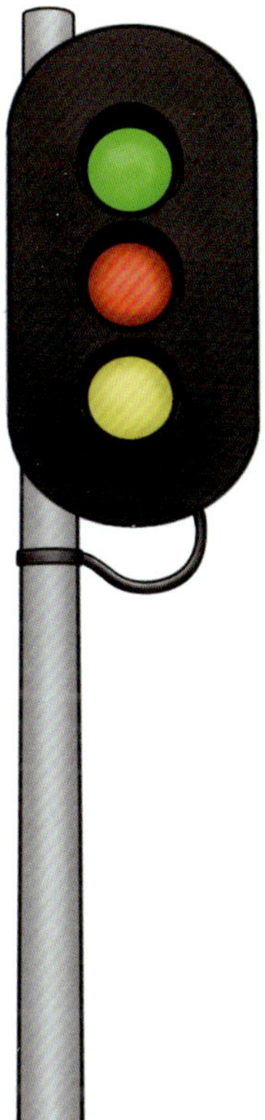

这是一架通过信号机，它由红黄绿三个颜色的灯组成。绿灯表示可以以既定速度通过，黄灯表示需要注意驾驶以备及时减速，红灯则是要在这架信号机外方停下列车。这种显示方式因为分有三种灯位而称为三显示模式。

还有一种四显示模式，在三显示的基础上增加了绿黄灯（绿灯与黄灯一同点亮）。四显示一般运用于速度更高的线路，多出的绿黄灯是为了增加一级挡位划分，以便适应更高速度的线路。

## 高效的自动闭塞

刚才我们了解了一个区间是如何划分为多个闭塞分区的，那它们是如何安全且高效地实现分段闭塞呢？

下面是一个区间内的数个分区，可以看出，当一列火车驶入闭塞分区后，分区内的轨道电路便会知晓火车已驶入，对应的通过信号机也会即刻变为红灯，阻止下一列火车驶入本区段。

当有多列火车驶入区间时，每一列火车身后的通过信号机都会按照这种依次排列的信号来指挥火车，这使得区间行车效率得到了非常大的提升！

高速列车的时速很快，为了让司机有更充分的反应时间和距离来进行减速操作，在红灯和绿灯之间增加了一个过渡的黄灯信号，用来提醒司机其列车距离前方红灯只差一个闭塞分区，需要注意驾驶，以备及时减速。

随着火车的行进，身后闭塞分区的红灯与黄灯也会跟着变化，这种方式就是刚才提到的三显示模式，而四显示模式需在黄灯与绿灯间再增加一个绿黄灯保护的闭塞分区，这样就能为更高速的火车提供更长的操作空间了。

这种方式的闭塞已经可以通过专用计算机和设备实现自动化作业，所以我们将它称为自动闭塞。可以看到，虽然自动闭塞和我们之前所讲的自动站间闭塞相比只是少了两个字，但其中却增加了许多的新技术和辅助设备，所带来的效率提升也是极其显著的。

# 高速铁路登场

随着自动闭塞技术的出现与成熟运用，使得世界铁路得到了快速发展，20 世纪中下叶，一些国家陆续开始了高速铁路建设。

动车组的出现让列车的运行速度提升了一大截，法国 TGV、日本新干线等高速线路都突破了 200 公里的运营时速。

当列车时速达到 240 公里时，驶过 1 000 米的距离仅需要 15 秒。区间通过信号机显示距离为 1 000 米左右，所以要让司机在如此短的时间内看清前方信号机所显示的信息并做出反应，甚至赶在信号机前停下飞驰的高速列车显然是极难做到的。

如此看来，通过设置区间通过信号机实现的自动闭塞是无法保证高速列车行驶安全的，那么人们是如何解决这个问题的呢？

## 便捷实用的车载信号

该如何解决车速太快导致司机无法及时对前方信号做出反应呢？答案就是把信号搬到列车的司机室里——我们称之为车载信号。

工程师们对轨道电路进行了技术革新，使轨道电路上的电流可以携带信息流，列车控制中心将列车行驶前方的信号灯显示状态通过轨道电路发送给列车，车底的接收装置接收到这些信息后，车载信号设备就会显示出下一个信号机的状态。

车载信号一般应用于自动闭塞线路，列车处于不同的闭塞分区时，会从该分区的轨道电路上接收到行驶前方信号机的状态信息。当列车驶入下一个区段后，车载信号也会根据下一个信号机的显示而改变。

这是内燃机车的驾驶室，它的车载信号安装在前挡玻璃中间的位置，朝向两个方向的两列信号灯方便正、副司机同时观察。

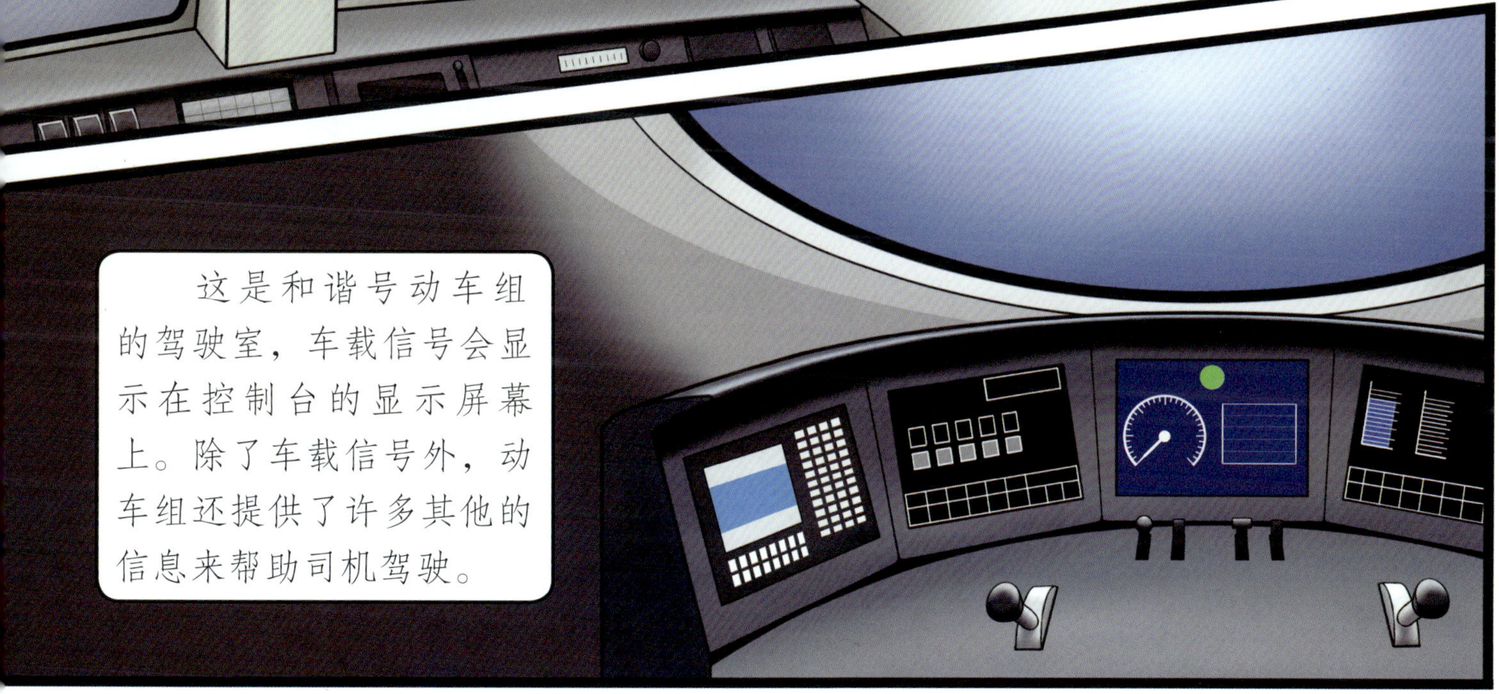
这是和谐号动车组的驾驶室，车载信号会显示在控制台的显示屏幕上。除了车载信号外，动车组还提供了许多其他的信息来帮助司机驾驶。

## 车载信号机如何显示信号?

我们可以看到，车载信号机上有八个灯位，那它们是如何显示的？和地面信号机一样吗？我们就举一些例子来看看吧。

车载信号机的第一个灯位是绿灯信号，和地面信号机的显示是一样的。

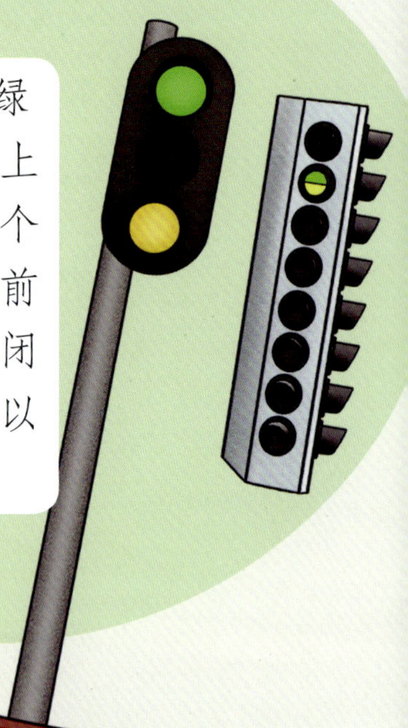

第二个灯位绿黄灯在车载信号机上由两个半圆合成一个完整的信号，表示前方还有两个空闲的闭塞分区，列车可以以正常速度通过。

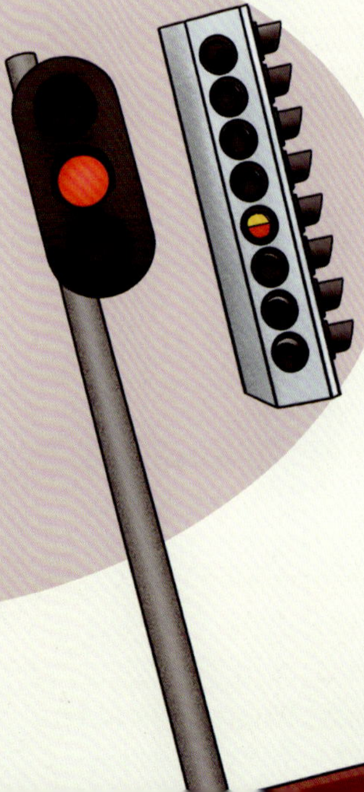

地面信号机上的红灯，在车载信号机上是一半黄加一半红的灯光。列车必须在这架地面信号机前停下。

车载信号机的第六个灯位对应的是双黄灯。双黄灯出现在进站信号机上，表示列车进站后需要经过道岔驶入侧线的站台。

黄灯信号处于车载信号机的第三灯位，表示列车前方只剩一个空闲的闭塞分区了，在四显示模式下司机需要减速通过。

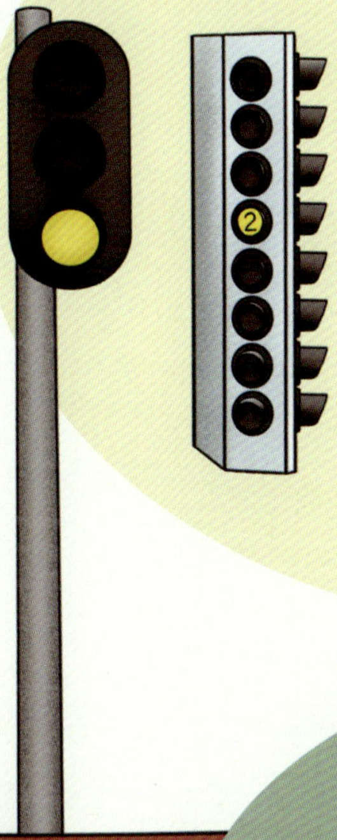


这个带有数字“2”的黄灯信号对应的也是地面信号的黄灯，不过它除了表示前方只剩一个闭塞分区外，还会提示司机次一个闭塞分区内有道岔，并且道岔是开向侧线的，列车必须减速到规定速度才能通过。

这里展示了部分普速铁路的信号灯，此外还有闪烁显示的信号等。而对于高速铁路而言，在此基础上还增加了更多的车载信号显示，以便更好地操控高速列车。

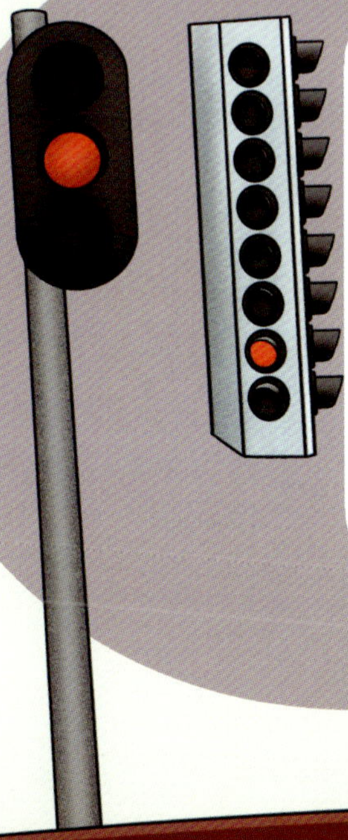

第七个灯位是红灯，但它却不是对应地面信号机的红灯，而是指列车未能在红灯前停下，从而错误地驶过了显示红灯的地面信号机。

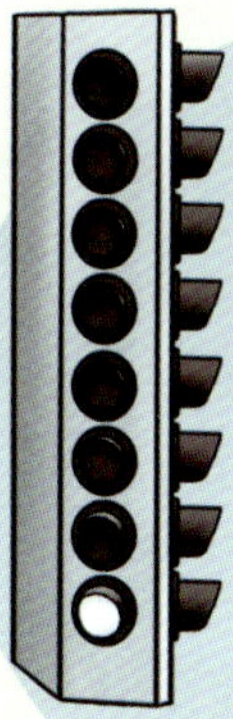

当最下面的白色灯光亮起时，表示车载信号机此时不再显示信号信息，司机需要根据地面信号机的显示来驾驶。

## 我们的高铁

在世界高铁蓬勃发展的浪潮下，中国高铁也逐步发展起来，并且后来居上，拥有了世界领先的高铁技术。

在 21 世纪最初的几年，我们还没有高速铁路。2008 年京津城际铁路的开通和一年后武广高铁的建成，标志着我们的铁路运输进入了高速时代！而现在，我们早已习惯了坐着时速超过 300 公里的动车组在各个城市间穿梭。而为了让列车在如此高的速度下安全有序地行驶，铁路信号自然是功不可没！

当我们坐在复兴号上，如果留意窗外，就能看到这种高高的铁塔。它其实是信号塔，作用是和飞速行驶的列车进行实时通信，帮助线路上的列车实现闭塞。

# 高速铁路的区间信号

这里展示的是中国高铁目前最前沿的信号系统。

刚才提到的信号塔只是组成这个系统的一部分，它们通过无线电波和行驶中的列车实时“交流”。在高铁线路旁，每隔一段距离便会搭建一个信号塔，它们的信号交叉覆盖整条线路，即便其中一个信号塔发生故障，也不会让列车失联。

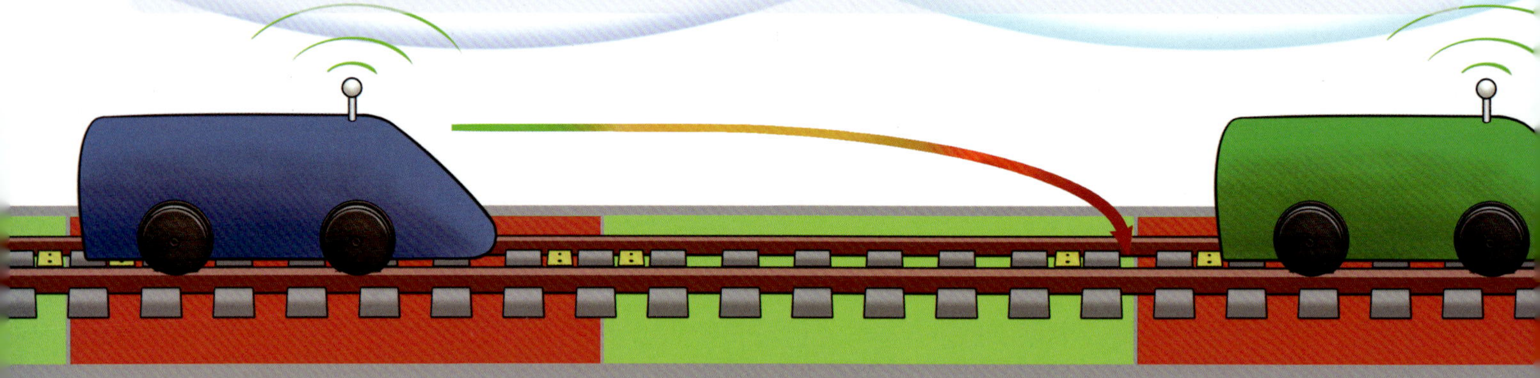

通过无线电波，控制中心能知道线路上的每一列火车所处的位置，它们会将前一列火车的行驶信息发送给后一列火车。车头搭载的车载计算机结合所有收到的信息，除了会显示前方闭塞分区对应的信号灯外，还会计算出一条指导司机运行的速度曲线，司机需要将车速控制在这条曲线指示的范围内。

每当前一列火车驶入下一闭塞分区，后一列火车的目标停车点位也将跟着前移。

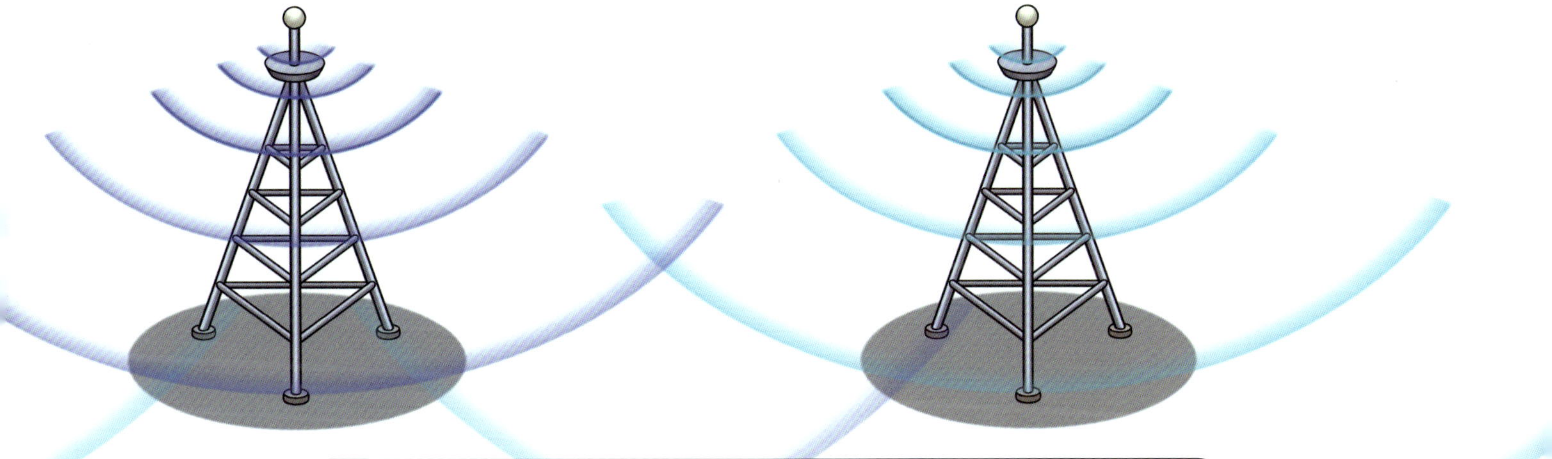

这是一条速度曲线的示意图，在远离目标停车点的位置，火车可以保持高速运行，随着不断接近停车点，火车的速度也要逐步降低，直至停在目标点位前。

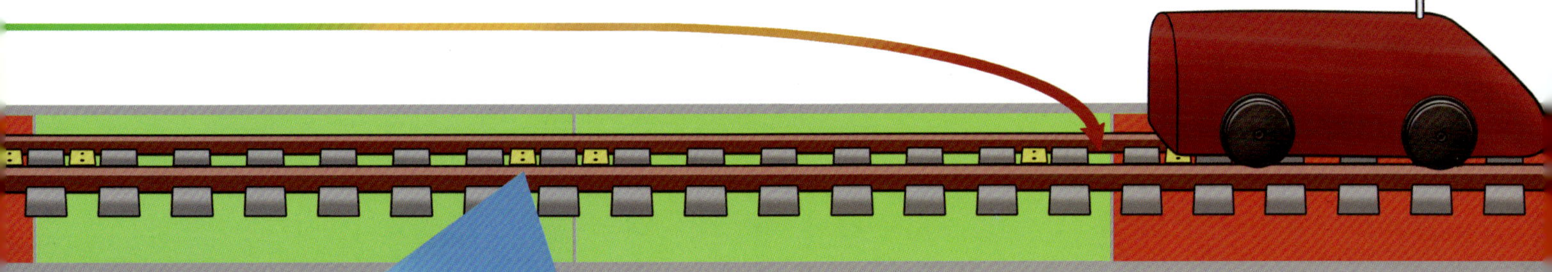

这个黄色的扁盒子是应答器，它在高铁线路上非常常见，每个闭塞分区的交界处都能看见它的身影。应答器的一大作用是帮助火车进行定位，每当火车从它上方驶过，车头底部的无线装置就能从应答器中读取到具体的坐标信息，这样火车就能准确地知道自己所处的位置了。

再到目前最新也是运用最广泛的自动闭塞，我们的信号技术也随之一次次地革新，一步步地提升。

对于信号系统，除了书中介绍的这些大家易于直观看到的设备外，还有许多更为重要的幕后英雄，比如控制着信号机的联锁系统，连接着轨道电路和应答器的列车控制中心，管控着信号基站的无线闭塞中心等，它们才是控制着整个系统的大脑。

行外，还能实现3分钟以内的列车发车间隔时间。

## 先进的中国列车控制系统

CTCS，是中国列车控制系统的英文缩写，目前最先进的便是CTCS-3级列车控制系统。这是一个庞大而精密的信号系统，已广泛应用于我国各条高铁线路。这里为大家介绍一下其主要的组成部分，来看看我们的信号系统到底是如何构建的！

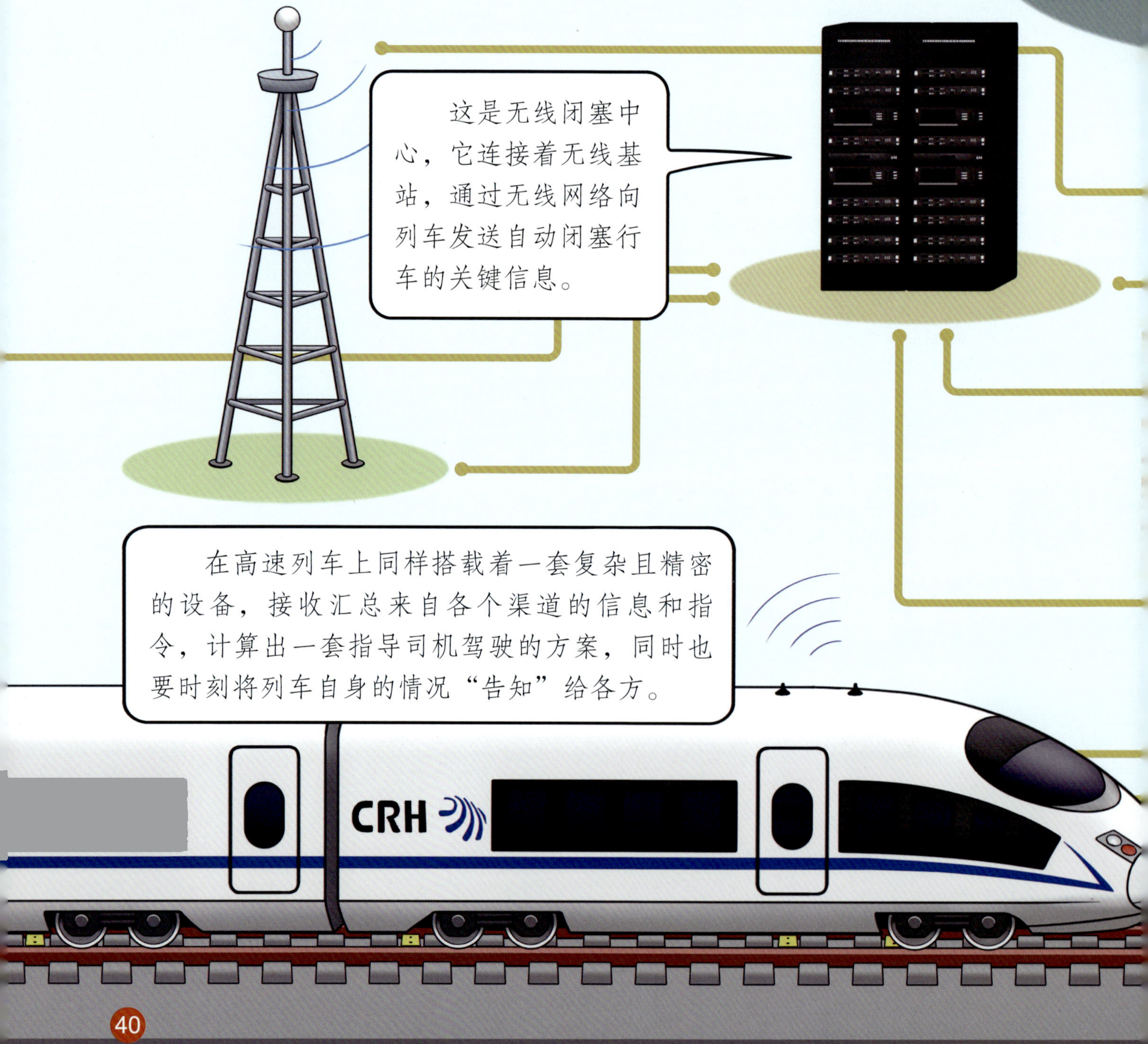

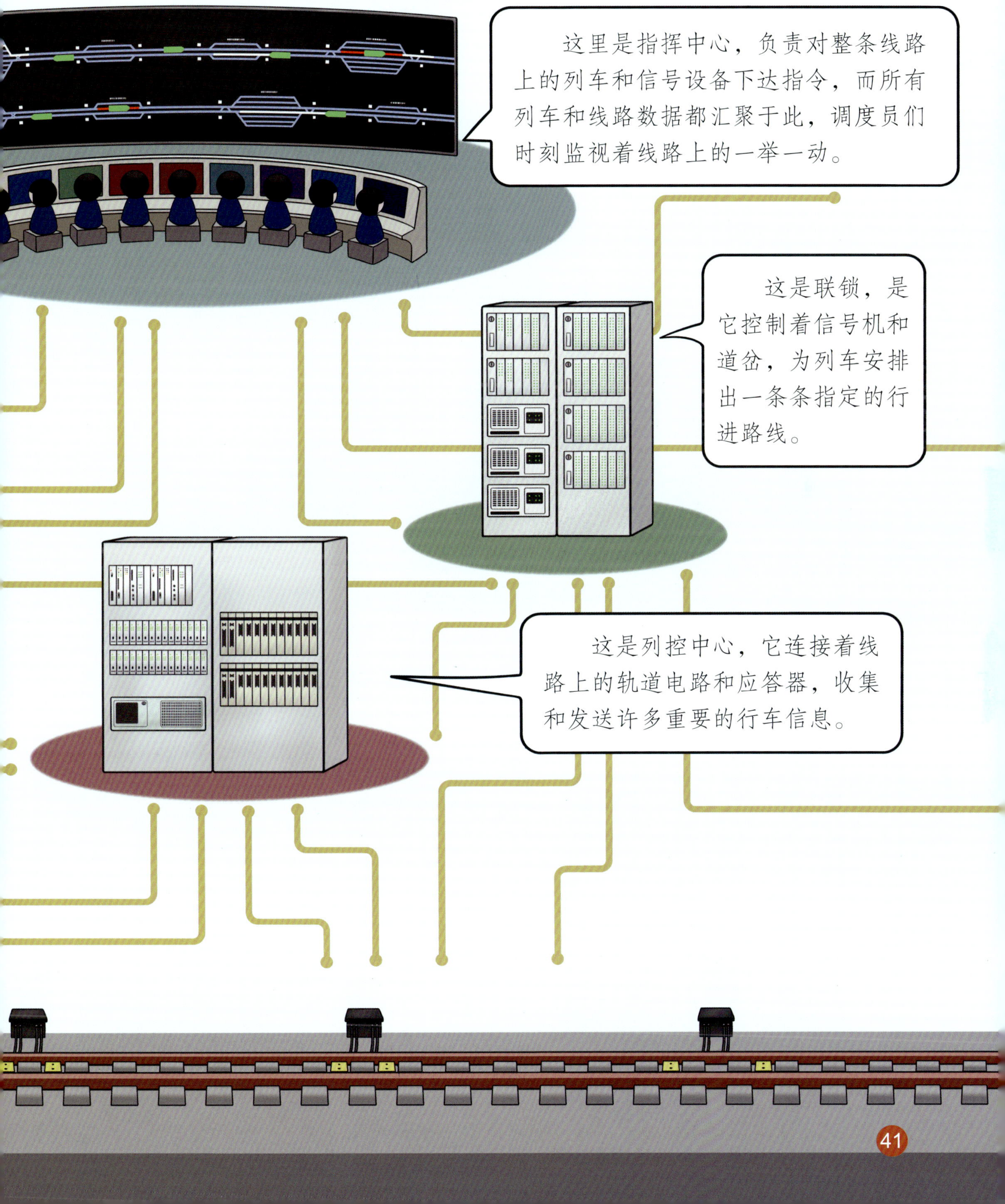
这里是指挥中心，负责对整条线路上的列车和信号设备下达指令，而所有列车和线路数据都汇聚于此，调度员们时刻监视着线路上的一举一动。
这是联锁，是它控制着信号机和道岔，为列车安排出一条条指定的行进路线。
这是列控中心，它连接着线路上的轨道电路和应答器，收集和发送许多重要的行车信息。

经过多年的发展，自动闭塞技术已经非常成熟，现在的高铁信号系统也基本将自动闭塞模式发挥到了极致。在现有闭塞模式下，已经很难再大幅度地提升行车效率了，那还有没有更新一代的闭塞技术呢？

当然是有的！它就是移动闭塞。

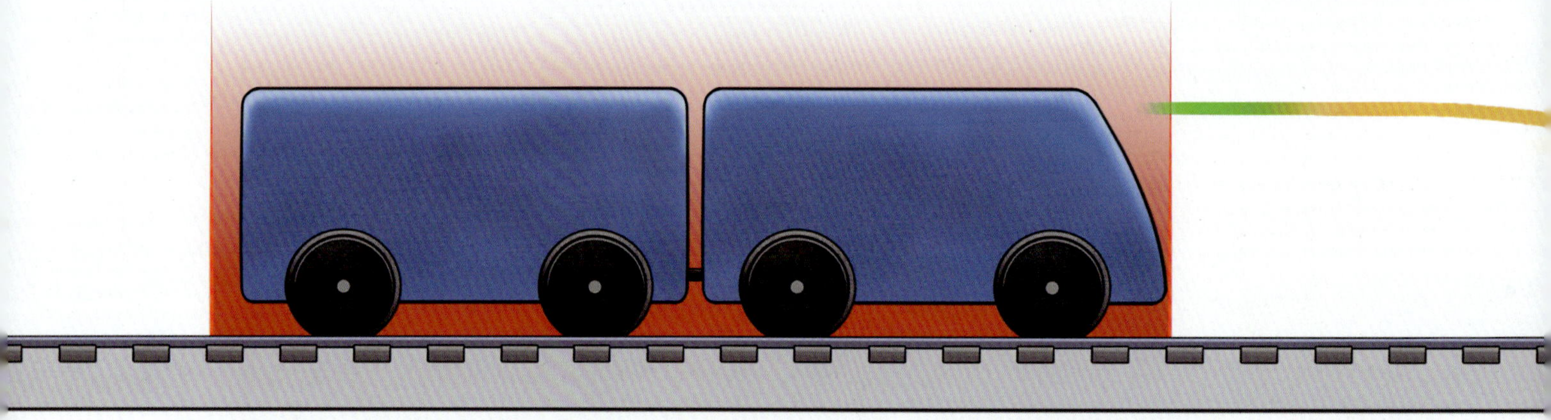

相较于自动闭塞，移动闭塞的理念可谓是颠覆性的，行车将不再受一段段固定分区的限制，铁路运输的灵活度将大大提升。不过想要在高速线路上完全实现移动闭塞，还需要比现在更加先进和成熟的配套技术，除了铁路旁必需的辅助行车设备，列车与列车之间的“沟通交流”也是必不可少的。

相信在不久的将来，我们一定能享受到移动闭塞模式带来的更加便捷的铁路交通。

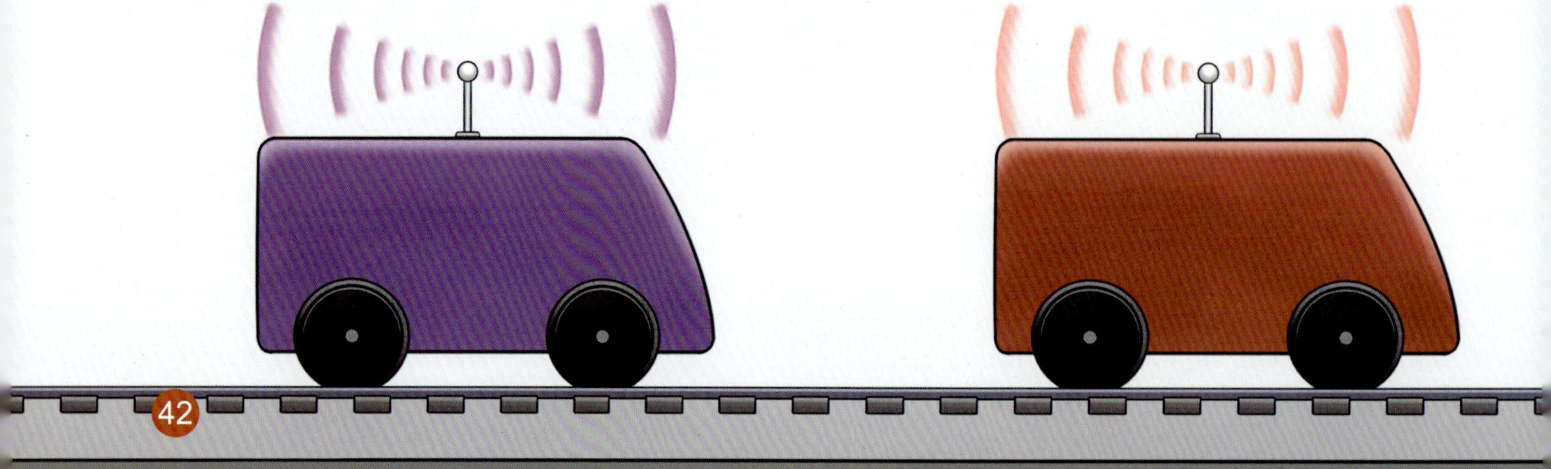

在移动闭塞中，完全摒弃了原有固定闭塞区段的理念，直接将列车每一刻所处的线路空间看作一个闭塞空间，这个闭塞空间会随着列车的移动而移动，故而称为移动闭塞。

下面红色的部分就是移动闭塞中的闭塞区间，它是列车本身的长度再加上一定安全距离组成的一个长度区间。

# 高铁和动车有什么区别?

在平时乘坐高铁出行时，会经常听到人们对于高铁和动车的疑惑，对于该叫动车还是高铁难以区分。在本书的最后，就来说一说动车和高铁的区别吧！

人们平时所说的动车，准确地说应该是动车组，是指有着固定编组模式的列车，常见的编组方式有8节或者16节。一旦编组形成，它们就成了固定的一整列车，不会像老式火车那般可以随意更改整列车的组合。

高速铁路是指具备高速运输能力的整条铁路线，还包含配套的设施和技术手段。在我国，运营时速达到250公里的铁路线路就属于高速铁路了。

动车组并不一定都是高速的，有时速350公里、300公里、250公里等不同速度等级。还有一些型号的动车组并不在高铁上运营，像右边这列被称为“绿巨人”的复兴号CR200J动车组，就可以开行在时速160公里及以下的线路上，在很多既有普速线路上经常能看见它的身影。

但是，大家通常所说的“坐高铁”，实际上是乘坐高铁动车组或泛指乘坐运行在高速铁路上的动车组的意思。

相信大家现在已经明白，不管是动车组，还是本书所介绍的信号系统，都是铁路系统的一部分。

高铁上运营的列车都是动车组，这些动车组的设计时速都在250公里及以上。像这一列大家非常熟悉的复兴号CR400BF就是专门在高铁上驰骋的动车组，它还有个美丽的称号——金凤凰。

火车站里的信号
苗渤汶 著/绘
中国铁道出版社有限公司

铁道线上的信号
苗渤汶 著/绘
中国铁道出版社有限公司
北京